Ploetz · Schleswig-Holstein

Geschichte der deutschen Länder

Territorien-Ploetz: Sonderausgaben

Schleswig-Holsteinische Geschichte

Ein Überblick

von Alexander Scharff

Neuausgabe
von Manfred Jessen-Klingenberg

mit 19 Abbildungen
sowie 5 Karten, 5 Tabellen
und 3 Stammtafeln

Verlag Ploetz Freiburg/Würzburg

4., aktualisierte Auflage

Herstellung: Freiburger Graphische Betriebe 1984
ISBN 3-87640-037-6

Geleitwort

Schleswig-Holstein, das Land zwischen Nord- und Ostsee, Elbe und innerdeutscher Grenze, Hamburg und Dänemark, kann mehr als drei Jahrzehnte nach dem politischen und wirtschaftlichen Neuanfang in der Bundesrepublik Deutschland auf eine eindrucksvolle Aufbauleistung zurückblicken. Nach einer wechselvollen Geschichte im Laufe der vergangenen Jahrhunderte hat sich Schleswig-Holstein zu einem modernen, stabilen und vielseitigen Bundesland entwickelt mit einem bunten Fächer an Lebensmöglichkeiten und soliden öffentlichen Leistungen.

Das Schleswig-Holstein von heute hat nichts von dem eingebüßt, was von jeher seine Eigenart bestimmte. Es gibt hier Halligen und Inseln, kleine Dörfer und große Städte, die weite Marsch an der Nordseeküste, malerische Hügel- und Seenlandschaften entlang der Ostseeküste. Das nördlichste Bundesland der Bundesrepublik Deutschland ist reich an Naturlandschaften.

Zahlreiche Verkehrswege durchziehen Schleswig-Holstein wie Lebensadern, großzügige Fährbahnhöfe verbinden das Land mit den Ostseeanrainern. Früher ein reines Agrarland, ist unser Land heute ein aufstrebendes Industrieland geworden. Es hat sich seit dem Ende des Zweiten Weltkrieges immer mehr zu einem Standort für das produzierende Gewerbe entwikkelt, ohne allerdings seinen hohen Freizeit- und Erholungswert zu verlieren.

Schleswig-Holstein ist auch ein Land reicher Kultur, geprägt durch seine Landschaft und durch die Menschen, die hier lebten und leben. Emil Nolde, A. Paul Weber und Ernst Barlach, Johann Heinrich Voss, Theodor Storm, Thomas und Heinrich Mann, Dietrich Buxtehude, Carl Maria von Weber und Johannes Brahms sind durch Herkunft, Leben und Werk mit Schleswig-Holstein eng verbunden. Der erste Deutsche, der 1902 den Nobelpreis für Literatur erhielt, war der im eiderstedtischen Garding geborene Theodor Mommsen.

Die Schleswig-Holsteiner sind stolz auf ihr Land, das nicht nur geographisch „ganz oben" in der Bundesrepublik Deutschland liegt. Sie sind stolz auf seine Geschichte, seine Kultur und seine Traditionen.

Dr. Uwe Barschel
Ministerpräsident
des Landes Schleswig-Holstein

Vorwort

Nachdem die zweite Auflage der Schleswig-Holsteinischen Geschichte aus dem Jahre 1966 (als Sonderausgabe aus der Geschichte der deutschen Länder, „Territorien-Ploetz") vergriffen ist, hat sich der Verlag Ploetz entschieden, eine Neuausgabe als dritte, durchgesehene und aktualisierte Auflage folgen zu lassen. Sie unterscheidet sich von den Vorgängerinnen in mehrfacher Hinsicht, zunächst durch das Format, den Umfang und den Satz. Es fand sich Platz für eine – freilich begrenzte – Anzahl von Abbildungen, die das im Text Gebotene erhellen mögen. Die knappe Übersicht der wichtigsten Quellen und Darstellungen wurde ergänzt. Hinzugefügt wurden eine Karte zur gegenwärtigen Kreiseinteilung des Landes sowie ein Verzeichnis der Ministerpräsidenten und der Regierungsparteien seit 1945.

Die bis zum Jahre 1960 reichenden Kapitel der vorigen Auflage konnten und sollten in der Anlage und in der Substanz nicht umgestaltet werden. Wohl aber ist der Text an manchen Stellen dem Stande der Forschung entsprechend geändert oder in der gebotenen Kürze ergänzt worden. Völlig umgearbeitet und bis etwa zum Jahre 1980 fortgeführt wurde das Kapitel, das die Entwicklung bis zur Gegenwart darstellt. Dabei konnte die Weiterführung der Darstellung bis zum Jahre 1970 in der Geschichte der deutschen Länder, 2. Band, Würzburg 1971, benutzt werden.

Möge der inzwischen vielfach bewährte Überblick auch in der Neuausgabe den landesgeschichtlich Interessierten ein nützlicher Wegweiser sein.

Kiel, im Mai 1982

Alexander Scharff
Manfred Jessen-Klingenberg

Inhaltsverzeichnis

Verzeichnisse

Verzeichnis der Abbildungen

Verzeichnis der Karten

Stammtafeln und Tabellen

Schleswig-Holsteinische Landesgeschichte

Nur aus praktischen Gründen wird der Name „Schleswig-Holstein" hier auch für Zeiten gebraucht, in denen es weder ein Herzogtum Holstein noch ein Herzogtum Schleswig, aber auch keine schleswig-holsteinische Geschichte gibt: „Schleswig-Holstein" bezeichnet daher zunächst nur den geographischen Raum, in dem sich die spätere Landesgeschichte abspielt.

Durch mehrere bedeutsame geschichtliche Tatsachen und Entwicklungsreihen unterscheidet sich die Geschichte Schleswig-Holsteins von der aller anderen deutschen Länder. Zeichnet sich schon in der Geschichte *Holsteins* eine Sonderentwicklung ab, die sich allenfalls mit der anderer deutscher Territorien nach ihrer Herauslösung aus den Stammesherzogtümern vergleichen läßt, so gilt das in erhöhtem Maße für das Land nördlich der Eider, das sich erst im späten Mittelalter zum *„Herzogtum Schleswig"*, zu einem Territorium innerhalb des Dänischen Reiches, umbildet und mit Holstein-Stormarn in eine immer enger werdende Berührung tritt. Wie aus dieser Verflechtung der Beziehungen zwischen dem nördlichen und südlichen Territorium ein höchst eigentümliches *schleswig-holsteinisches Staatswesen* wird, das die trennende Eidergrenze überbrückt, ist ein großes Thema der schleswig-holsteinischen Geschichte. Ihre Besonderheit besteht aber auch darin, daß trotz der Verbindung der beiden Lande ihre staatsrechtliche Verschiedenheit fortdauert: *Schleswig* hat bis 1864 nie einer deutschen Gesamtorganisation angehört, während *Holstein* ein Glied ebenso des Römischen Reiches deutscher Nation wie nach 1815 (mit Lauenburg) des Deutschen Bundes war. *Beide Lande sind außerdem seit 1460 mit Dänemark, dem dänischen Gesamtstaat, durch das gleiche Herrscherhaus verknüpft, eine Tatsache, die über 400 Jahre ihr Schicksal wesentlich mitbestimmt hat.*

Schleswig-Holstein ist geschichtlich gesehen das Land der Gegensätze, der widerspruchsvollen Vielheit, überquellend reich an innerer Vielgestaltigkeit, die in der Mannigfaltigkeit der Oberflächenformen und der Landschaftsgliederung starken Rückhalt findet (Gegensatz zwischen Marsch und Geest und der Moränenlandschaft des Ostens). Reich und mannigfach waren oder sind die Art der Bodenbewirtschaftung und Besitzverteilung, die Anlage der Siedlungen, die Dorf- und Hausformen, Brauchtum, Recht und Volkssprachen, vor allem aber der Menschenschlag in diesem Land, das die Gestalt einer Brücke hat zwischen Mitteleuropa und dem skandinavischen Norden. Auf dieser zwischen zwei Meeren gelegenen Landbrücke sind sich *zwei verschiedene Kulturkreise, zwei Rechtskreise und Völker* begegnet; sie ist zum Kampfplatz geworden zwischen den Völkern, aber auch zur Stätte friedlicher Begegnung, wirtschaftlicher und geistiger Befruchtung. Doch ist Schleswig-Holstein nicht nur *Vermittlungs- und Durchgangsland* zwischen Norden und Süden, sondern auch zwischen Westen und Osten, Nordsee und Ostsee geworden. Hier haben sich die Verbindungslinien zwischen Westen und Osten wie die zwischen Norden und Süden überschnitten, die „Brücke“ wurde so zum Kreuzungsgebiet zwischen ost-westlichen und nord-südlichen Beziehungen.

I. Bevölkerung und Siedlung, Herausbildung der geschichtlichen Kräfte (bis zum 12. Jahrhundert)

Erst nach dem Abklingen der Wanderbewegung des Germanentums lassen sich die einzelnen Bevölkerungsgruppen des schleswig-holsteinischen Raumes deutlicher bestimmen: im mittleren und westlichen Holstein die **Sachsen,** im ostholsteinischen Hügel- und Seenland die **Slawen,** im südöstlichen Schleswig **Dänen** und **Jüten,** im westlichen Schleswig und auf den Inseln die **Friesen.**

Der Siedlungsraum der *nordelbischen Sachsen* ist, jedenfalls im 9. Jahrhundert, begrenzt von der Elbe im Süden, der Nordseeküste im Westen und der Eider im Norden, vom *Limes Saxoniae* (auf einer Linie von der Kieler Förde über die Schwentine und mittlere Trave bis zur Elbe bei Boizenburg) im Osten. Um 800 tritt schon die Dreigliederung in die Gaue der *Dithmarscher, Holsten* und *Stormaren* hervor. Diese Gaue sind jedoch nur ein kleiner Teil des viel umfassenderen sächsischen Stammesverbandes, dessen Hauptmasse und politischer Mittelpunkt südwestlich der Elbe liegen. Die *Slawen* sind vor 600 in das östliche Gebiet eingewandert: die *Wagrier* in Ostholstein, südlich von ihnen die *Polaben,* beide zum Verband der ostseeslawischen *Abodriten* gehörend. Eine erste Wanderungs- und Siedlungsbewegung der *Friesen* im 8. Jahrhundert erfaßt zunächst nur die Geestinseln Föhr, Sylt und Amrum und das südliche Eiderstedt. Die zweite Periode der nordfriesischen Landnahme, um 1000 anfangend, richtet sich auf die Marschengebiete nördlich der Eider („*Utlande*" = unbesiedeltes Außenland) und dehnt sich dann auf den westlichen Rand der Geest aus. Vom Norden her beginnt im 9. Jahrhundert eine dichtere Besiedlung des südöstlichen Schleswigs etwa bis zur Schlei durch *Dänen* und *Jüten;* der um 1000 zu beobachtende Landesausbau setzt sich fort bis ins 13. Jahrhundert.

Um 800 wird der Raum nördlich der Elbe und das Gebiet der Schleswiger Landenge in das große Geschehen der Zeit einbezogen. Die umgestaltende Kraft kommt vom Süden, vom Frankenreich her: Christentum, Mission, Abendland. In seinem Kampf gegen die Sachsen greift **Karl der Große** auch in die sächsischen Stammesgebiete nördlich der Elbe ein. Seine Verbündeten, die slawischen Abodriten, sind im Jahre 798 Sieger über die Sachsen in der Schlacht auf dem *Sventanafeld* (bei Bornhöved); ihnen wird zunächst das nordelbische Gebiet überlassen, ohne daß es in das Frankenreich eingegliedert wird. Gleichzeitig stößt aber auch das germanische Nordeuropa vor. Der dänische König **Göttrik** macht das Schleigebiet, in dem er Herrschaftsrechte ausübt, zum Ausgangspunkt weitgespannter Planungen;

Göttrik erkennt die unvergleichliche Gunst der Lage des von ihm beherrschten Ortes *Haithabu (Hedeby, Sliesthorp)*. Im innersten Winkel der Schleibucht, an schmalster Stelle des Nord- und Ostsee trennenden Landriegels gelegen, ist dieser Platz besonders geeignet, als Knotenpunkt des Transithandels zwischen den beiden Meeren, den friesisch-fränkischen Küstengebieten und den Anrainerländern der Ostsee zu dienen. 808 gibt Göttrik Haithabu eine ortsansässige Kaufmannschaft durch Umsiedlung aus der von ihm zerstörten, im ostseeslawischen Bereich gelegenen Handelsstadt *Reric* und unterwirft die Abodriten.

Aus diesen Ereignissen, aus dem Versagen seiner slawischen Verbündeten und der Bedrohung aus dem Norden, zieht Karl d. Gr. die Folgerung durch *Umgestaltung der politischen Ordnung* nördlich der Elbe: Besetzung Nordalbingiens durch die Franken, Errichtung einer Burg an der Stör (bei

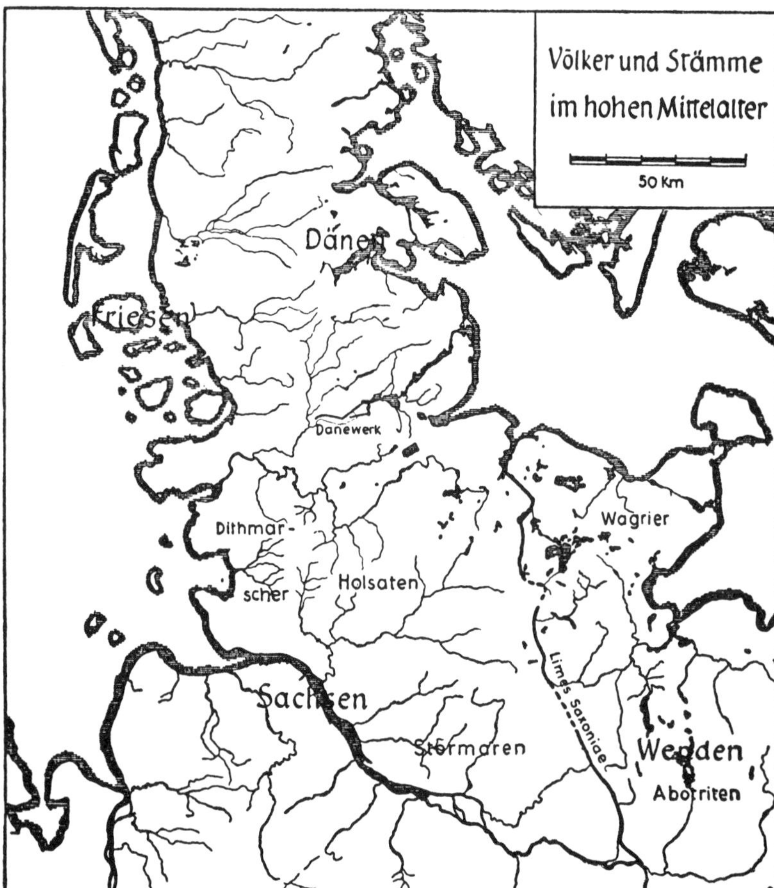

Itzehoe) im Jahre **810,** Einigung mit den Abodriten über eine Grenzlinie zwischen sächsischem und slawischem Siedlungsraum (Limes Saxoniae), **Eingliederung Nordalbingiens in das Frankenreich.** Nach dem Tode Göttriks wird 811 die Grenze zwischen fränkischem und dänischem Machtbereich an der Eider abgesteckt.

Das Gebiet zwischen Elbe und Eider ist damit ein Teil des Frankenreiches geworden. Das bedeutet Einfügung in die christliche Gemeinschaft des Abendlandes; Nordalbingien wird *„Brückenkopf des Abendlandes"*.

In dieser Zeit beginnt die *christliche Mission* in den Landen nördlich der Elbe (Gründung von Missionskirchen: Hamburg, Heiligenstedten, Schenefeld, Meldorf). Erzbischof *Ebo von Reims,* 822 zum Legaten für den Norden ernannt, unternimmt 823 seine erste Bekehrungsreise zu den Dänen. Die stärkste Persönlichkeit in der Missionsarbeit des Nordens wird der Mönch **Ansgar,** seine und seines Schülers *Rimbert* Anwesenheit in Haithabu ist uns bezeugt.

831 wird Ansgar Erzbischof der neugegründeten *Erzdiözese Hamburg* (Gründungsurkunde 15. Mai 834). Dänische Wikinger stoßen nach Süden vor, 845 wird Hamburg zerstört, der Sitz des Erzbischofs nach Bremen verlegt, *848 das Bistum Bremen mit dem Erzbistum Hamburg* vereinigt.

Schwere Rückschläge bedrohen auch in der Folgezeit die Missionsarbeit im Norden, im 9. Jahrhundert wächst der slawische Druck, *Wikinger* suchen die Küsten Englands, Frieslands, Nordfrankreichs heim. Erst unter **Heinrich I.,** als aus dem karolingischen Erbe ein Deutsches Reich hervorwächst, festigen sich auch die Verhältnisse an der Nordgrenze. Im 9. Jahrhundert liegt *Haithabu* im dänischen Machtbereich; die Siedlung wird zur Stätte eines weit in den Ostseeraum Export treibenden Gewerbes, am Ende des 9. Jahrhunderts Herrschersitz einer schwedischen Wikingerdynastie.

934 besiegt König Heinrich den in Haithabu regierenden *Knuba.* Tributzahlung und Taufe König Knubas sind die Zeichen, daß damals das Gebiet zwischen Eider und Schlei dem Reichsverband angegliedert wird. Kurz darauf ist anscheinend das Wikingerreich einem Vorstoß aus dem Norden erlegen. Der dänische König *Harald Blauzahn* setzt das Werk seines Vaters *(Gorm),* die Zusammenfassung des Reiches der Dänen, fort, nimmt aber das Christentum an und bahnt der Mission wieder den Weg. 947/48 *werden die Bistümer Schleswig, Ripen und Aarhus gegründet und Hamburg unterstellt.* Erzbischof *Adaldag* ruft im holsteinischen Slawenland das Bistum *Oldenburg* ins Leben, ohne daß die christliche Mission dauernde Erfolge erringen kann.

974 entsteht ein Konflikt zwischen **Otto II.** und den Dänen, der Kaiser bricht ihren Widerstand am Danewerk, der zum Schutze Dänemarks und Schleswig-Haithabus gebauten Befestigungsanlage (älteste Datierung 737), und errichtet eine Burg im Grenzgebiet. *Unsicher ist die Gründung einer deutschen Mark im Eider-Bezirk.* Nach der *Niederlage Ottos in Südita-*

lien werden im Jahre 983 Hamburg und Holstein von den Abodriten verwüstet, das Reich muß sich aus dem Schleigebiet zurückziehen. Eine heidnische Reaktion in Dänemark bricht jedoch bald zusammen, um das Jahr 1000 hat sich das Christentum im ganzen Norden durchgesetzt. Das 11. Jahrhundert sieht dann einen beispiellosen *Aufstieg dänischer Macht:* Eroberung Englands durch König Sven Gabelbart, dänisches Nordseereich unter **Knud dem Großen** (1018–1035), das Dänemark, England, Schottland, Norwegen umfaßt.

Das Schleswiger Gebiet wird in dieser Zeit als **„Südjütland"** *fest mit Dänemark verknüpft,* dänische Rechts- und Verwaltungsformen setzen sich durch. Die *dänische Siedlung* hat, nach einem Zeugnis *Adams v. Bremen,* um 1070 die Schleilinie erreicht, während der Raum zwischen Schlei und Eider weithin unbesiedelt bleibt. Knud der Große pflegt freundschaftliche Beziehungen zu Kaiser **Konrad II.**; zwischen 1025 und 1035 verzichtet der Kaiser auf seine Hoheits- und Herrschaftsrechte im Bereich zwischen Eider und Schlei. **Die Eider ist endgültig zur Südgrenze des Dänischen Reiches geworden.**

Eine gemeinsame deutsch-dänische Schicksalsfrage ist die ständige Bedrohung durch die Slawen. 1032 dringen sie bis nach Itzehoe und Dithmarschen, 1043 bis nach Jütland vor.

1066 *hat der Sturz des mächtigen Erzbischofs* **Adalbert v. Bremen** *verheerende Folgen:* neue Vernichtungszüge der Slawen nach Nordelbingen und Jütland, Hamburg wird zerstört. Haithabu, das schon 1050 von dem Rivalen König Sven Estridsens, Harald dem Harten von Norwegen, niedergebrannt war, wird von den Slaven gänzlich zerstört. Seine Rolle übernimmt nun endgültig das bereits existierende Schleswig am Nordufer der Schlei. Die Stadt mit dem Dom und dem Königshof bietet eine günstigere Hafenanlage als die nunmehr zerstörte Siedlung am Noor.

In den folgenden Jahrzehnten macht sich die *militärische Überlegenheit des Slawentums* bemerkbar. Obwohl der christliche Wendenfürst *Heinrich,* unterstützt von dem sächsischen Herzog *Hermann Billung,* um 1090/93 die heidnischen Slawen besiegt, hört die Unruhe nicht auf. Diese Lage führt auf dänischer wie deutscher Seite zu folgenreichen Maßnahmen, zur **Einrichtung einer dänischen Statthalterschaft,** kurz vor 1100, und zur **Einsetzung der Schauenburger in das Grafenamt** für die Lande zwischen Elbe und Eider. Sowohl von Norden wie von Süden aus wird fast gleichzeitig die Aufgabe der Sicherung und Befriedung angefaßt. Beide Institutionen, die dänische Statthalterschaft in Schleswig wie das Grafenamt der Schauenburger in Holstein und Stormarn, sind für die weitere Geschichte der Lande nördlich der Elbe und nördlich der Eider von größter Wichtigkeit geworden.

Schauenburger
(Grafen v. Holstein-Stormarn)

Adolf I. † 1130

Adolf II. † 1164

Adolf III. † 1225

Adolf IV. † 1261

Johann I. † 1263 **(Kiel)** | Gerhard I. † 1290 **(Itzehoe)** | Mechthilde ~ Herzog Abel

Gerhard II. **(Plön)** | Heinrich I. † 1304 **(Rendsburg)** | Adolf VI. (Pinneberg)

Gerhard III. † 1340 **Herzog v. Schleswig** 1326–1330 | **Pinneberger Linie** (bis 1640)

Heinrich II. † ca. 1384 | Klaus

Gerhard VI. Herzog v. Schleswig †1404 | Albrecht | Heinrich III.

Adolf VIII. Herzog v. Schleswig † 1459 | Heilwig ~ Dietrich v. **Oldenburg u. Delmenhorst**

Christian I., **1448 König v. Dänemark u. Norwegen, 1460 Herzog v. Schleswig, Graf v. Holstein**

II. Die Grafschaft Holstein-Stormarn unter den ersten Schauenburgern. Anfänge der Kolonisation Wagriens

Anfang des Jahres 1111 belehnt Herzog Lothar von Sachsen Graf Adolf von Schauenburg mit Holstein und Stormarn. Wahrscheinlich ist das Land bis dahin durch Grafen oder Vizegrafen verwaltet worden; jedenfalls war es dem sächsischen Herzog unterstellt. Mit der Herrschaft der Schauenburger beginnt eine für die Entwicklung der gesamten Gebiete nördlich der Elbe hochbedeutsame Epoche. Nach außen sind die *Dänen* und die *Slawen* abzuwehren, die inneren Verhältnisse müssen umgestaltet werden, um eine wirkliche *Landesherrschaft* aufzubauen. Holstein und Stormarn sind damals im wesentlichen auf der Stufe der *altsächsischen Volksgaue* stehengeblieben: es gibt hier keine Grundherrschaft, keine Ministerialität und kein Lehnswesen. Nach alter volksrechtlicher Überlieferung tagt noch die freie Volksgemeinde im *Goding* (Gaugericht) und *Lotding* (Kirchspielgericht). Ein kraftvoller Gebiets- und Geschlechtsadel, der vor allem im Falderabezirk (im Bereich des späteren Neumünster) im deutsch-slawischen Grenzraum ansässig ist, sucht gegenüber dem Grafen seine alten Rechte und Freiheiten zu behaupten. Der aus dieser Adelsschicht stammende *„Overbode"* (senior, signifer, praefectus) ist der leitende Volksbeamte des Gaus, er hat den Vorsitz im Gericht und führt das Landesaufgebot an; unter den beiden Overboden stehen für jedes Gauviertel vier *„Boden"*. Es ist dem Grafen zunächst nicht möglich, die landesherrliche Gewalt in vollem Umfang durchzusetzen, da sie durch die autonomen Kräfte, besonders in der Gerichts- und Heeresverfassung, stark eingeschränkt ist. Rückhalt findet er an seinem sächsischen Lehnsherrn, der seit 1125 als **Kaiser Lothar** das Reich regiert und sich besonders den Fragen der **Slawenpolitik** zuwendet.

So beginnt auch für das Verhältnis Holsteins zum benachbarten Slawenland eine neue, schließlich zu bleibenden volkspolitischen Erfolgen führende Periode. Das seit dem Slawensturm von 1066 erloschene christliche Leben in Wagrien regt sich allmählich wieder. Mit rastlosem Eifer widmet sich der Mission unter den Slawen vor allem der Bremer Domherr **Vicelin,** der im Falderabezirk, in *Wipenthorp,* ein Kloster der regulierten Augustiner-Chorherren gründet (den Neubau der Kirche 1141/42 nennt er *„novum monasterium"*); es wird zur Ausgangsbasis der christlichen Missionstätigkeit bei den Slawen. Schon vorher hat Vicelin Kaiser Lothar auf die strategische Bedeutung des *Alberges* (bei *Segeberg*) hingewiesen; 1134 läßt Lothar hier eine königliche Burg erbauen, in deren Schutz mitten im Slawenland Kirche und Kloster gegründet werden. Doch erhebt sich nach dem Tode Lothars (1137) wieder ein Slawensturm, zur gleichen Zeit wird die Grafschaft in den ersten *Streit zwischen Welfen und Staufern* hineingezogen. *Konrad III.* überträgt Sachsen *Albrecht dem Bären*. An Stelle des den Welfen ergebenen Grafen Adolf II. (1130–1164) erhält *Heinrich von Badwide* die Grafschaft. Zu seiner Zeit unternehmen die Holsten einen siegreichen

Abb. 1: Kirche in Ratekau aus der Zeit der Ostsiedlung und der christlichen Mission, um 1200. (Landesamt f. Denkmalpflege S.-H.)

Feldzug in die slawischen Gaue *Plön, Lütjenburg* und *Oldenburg* und brechen damit dem Werk friedlichen Aufbaus, der Christianisierung und der deutschen Besiedlung Ostholsteins, die Bahn.

Die Kolonisation Wagriens ist das besondere Verdienst des Grafen Adolf II., der nach der vorläufigen Beilegung des welfisch-staufischen Konfliktes durch seinen Lehnsherrn, Herzog **Heinrich den Löwen, 1143** in seine Grafschaft zurückgeführt wird. Der Sachsenherzog spricht ihm *Wagrien* und die Feste *Segeberg* zu, während *Heinrich von Badwide* in *Lauenburg*, im Gebiet des slawischen Polabiens, eine eigene Grafschaft zugewiesen wird. Noch im gleichen Jahr legt Adolf II. zwischen Wakenitz und Trave Burg und Siedlung *Lübeck* an. Auf seine Veranlassung beginnt die Kolonisation durch deutsche Ritter und durch aus Flandern, Utrecht, Holland, Westfalen, Friesland und dem holsteinisch-stormarischen Gebiet herbeigerufene Siedler. In unmittelbarer Nähe Segebergs lassen sich die Holsten nieder, Westfalen siedeln östlich davon, Holländer bei Eutin, Friesen im Gau Süsel bis zur Neustädter Bucht. Erst später beginnt das deutsche Leben im Raum von Plön; 1156/57 entsteht um die Burg eine Marktsiedlung, sächsische Bauern nehmen hier die Kolonisation auf. Vor allem auf Veranlassung Vicelins sind Holländer tätig, um die Entwässerung und Eindeichung der Elbmarschen vorzunehmen. *Um 1150 ist die Herrschaft Adolfs II. in Holstein-Stormarn und in Wagrien gesichert.* In einer Auseinandersetzung mit seinem mächtigen Lehnsherrn wird er freilich 1158 gezwungen, die Lübecker Gründung an Heinrich den Löwen abzutreten. Der Sachsenherzog legt aber auch den Grund zu einer *kirchlichen Neuordnung*. Nachdem ihm 1154 das Recht verliehen worden ist, im Lande jenseits der Elbe Kirchen und Bistümer zu errichten und sie mit Reichsgut auszustatten, nimmt Heinrich die Investitur für die Bistümer *Oldenburg* (im holsteinischen Kolonisationsgebiet), *Ratzeburg* und *Mecklenburg* in Anspruch und verlegt 1160 den Sitz des Oldenburger Bistums nach Lübeck.

III. Wandlungen in Nordelbingen, Herausbildung des holsteinischen Territoriums und Entstehung des Herzogtums Schleswig bis zum 14. Jahrhundert

Die verheißungsvolle Entwicklung in Nordelbingen wird jäh unterbrochen durch Ereignisse, die für die gesamtdeutsche Geschichte wie für das Schicksal Nordelbingens in gleicher Weise von unglücklichsten Folgen sind: *den Sturz Heinrichs des Löwen im Jahre 1180, die Aufteilung seines Territoriums, die welfisch-staufischen Rivalitäten und Machtkämpfe.* **In den politisch aufgespaltenen norddeutschen Raum bricht in ausgreifender Großmachtpolitik Dänemark ein.** König **Waldemar der Große** (1157–1182) hat bereits vorher die dänische Großmachtzeit des Mittelalters eingeleitet mit erfolgreichen Feldzügen gegen die Ostseeslawen (1160–1168); gemeinsam mit Heinrich dem Löwen unternimmt er die *Unterwerfung Rügens,* schließt sich aber ebenso wie Graf Adolf III. von Holstein nach dem Sturze des Sachsenherzogs *Kaiser Friedrich I.* an, dem er schon 1162 gehuldigt hat. Die Verwirrung und Machtlosigkeit in Norddeutschland nach 1180 ist die Voraussetzung für die großen Erfolge der dänischen Ausdehnungspolitik in Nordelbingen und an der Ostseeküste. König **Knud IV.** (1182–1202) gewinnt bis 1187 nach Rügen auch *Pommern* und *Mecklenburg;* in der Form der Lehnsherrschaft gliedert er die gewonnenen Gebiete Dänemark an. In dauernde Kämpfe mit norddeutschen Fürsten, vor allem Graf *Adolf III.* und Markgraf *Otto von Brandenburg,* verstrickt, fordert der Dänenkönig im Jahre 1187 vom Kaiser die Länder der *Wagrier, Holsten, Stormarn und Polaben bis zur Elbe.* Aber erst die folgenschwere Doppelwahl von 1198 und die von ihr ausgelösten Kämpfe zwischen Staufern und Welfen führen zum Einsturz der deutschen Machtstellung nördlich der Elbe. 1200–1203 erobern König Knud und sein Bruder, Herzog *Waldemar von Schleswig,* Holstein und Stormarn, Hamburg, Lübeck und Ratzeburg. Mit der Festsetzung der Dänen im nördlichen Estland (1206–1219) ist der Höhepunkt der dänischen Ostseeherrschaft erreicht. In den deutschen Thronwirren stellt sich König **Waldemar II. (der Sieger,** 1202–1241) auf die Seite des Staufers und erhält dafür in einer **1214** in Metz ausgefertigten Urkunde seinen Lohn: *der junge Friedrich* (II.) *verzichtet auf die Lande jenseits der Elbe und Elde und auf das in „Slawien" von den Dänen eroberte Gebiet.*

Dennoch steht das dänische Ostseeimperium auf schwankender Grundlage. Es beruht nur auf der Macht der Waffen und hat seine Entstehung vor allem der Schwächung des Reiches und der Ausbeutung des innerdeutschen Zwistes zu verdanken. Hinter dem gewaltigen äußeren Wachstum stehen keine bevölkerungsmäßigen und wirtschaftlichen Realitäten. Der ausgedehnte Landgewinn ist – im Gegensatz zur deutschen Ostkolonisation – nicht begleitet von Städtegründung, bäuerlicher Siedlung und wirtschaftlicher Erschließung. Zu solch schöpferischer Kulturarbeit reichen die Kräfte des dänischen Volkes damals nicht aus.

Dies sind die tieferen Gründe für den **Zusammenbruch des dänischen Ostseeimperiums.** Als die norddeutschen Territorialherren wieder politisch handlungsfähig geworden sind, schließen sich mehrere von ihnen, darunter Graf *Adolf IV. von Schauenburg* und Graf *Heinrich von Schwerin,* zusammen und erreichen von Waldemar II., den sie 1223 überlistet und gefangengesetzt haben, einen Verzicht auf das Land zwischen Elbe und Eider und alle Eroberungen im Wendenland. **Die endgültige Entscheidung fällt am 22. Juli 1227 in der Schlacht bei Bornhöved,** in der Waldemar II. durch eine Gruppe norddeutscher Territorialherren, unter ihnen Graf Adolf IV., und durch die von Lübeck und Hamburg gestellten Mannschaften geschlagen wird. **Ein Schicksalstag der schleswig-holsteinischen und deutschen wie der nordeuropäischen Geschichte:** Dänemark gibt seinen gesamten eroberten Festlandsbesitz preis, Holstein, Lübeck und Hamburg, Lauenburg, Mecklenburg und Pommern; die Eider wird wieder die Grenze Dänemarks; Adolf IV. kann als rechtmäßiger Herr in seine Grafschaft Holstein-Stormarn zurückkehren. Jetzt erst ist das Werk der deutschen Ostsiedlung gesichert, die Herrschaft der Schauenburger neu gefestigt, dem Aufstieg Lübecks und der hansischen Handelsmacht in der Ostsee und im Norden der Weg gebahnt.

Im Innern bedarf es eines langen Zeitraums, um die gräflichen Hoheitsrechte durchzusetzen und Holstein-Stormarn zu einem *Territorium,* zu einem „Land" im Rechtssinn umzugestalten. Die schauenburgische Landesherrschaft kann sich nur entfalten, wenn der Graf sich einmal befreit von der Bindung an den Lehnsherrn, den Herzog von Sachsen, und andererseits die Widerstände im Innern allmählich überwindet. Die *Lockerung der Lehnsabhängigkeit* wird begünstigt durch die gesamtdeutschen Ereignisse (1180 Auflösung des sächsischen Herzogtums) und die allgemeine verfassungsrechtliche Entwicklung Deutschlands, die durch die Reichsgesetzgebung Kaiser *Friedrichs II.* sanktioniert wird. Die Wende von Bornhöved ist nicht auf das Eingreifen der Reichsgewalt, sondern norddeutscher Territorialherren und Städte zurückzuführen; nach 1227 sind die herzoglichen Oberlehnsrechte nur noch eine Formalität. Nur der Form nach wird 1307 und 1309 die Lehnsherrlichkeit Sachsens wiederhergestellt, als die Herzöge von Sachsen-Lauenburg bei einer Teilung der Grafschaft sämtliche Linien der Schauenburger zur gesamten Hand belehnen. Später bleibt die Rechtslage unklar, die Belehnung gerät in Vergessenheit; erst 1434 wird dem *Bischof von Lübeck* die Oberlehnsherrschaft über Holstein durch Kaiser *Sigis-*

mund verliehen, ohne daß daraus geschichtlich wirksame Folgerungen gezogen werden.

Viel mühsamer ist für die Grafen die Aufgabe der **inneren Umformung** (Schaffung eines landesherrlichen Beamtentums, Ausbau der gräflichen Gerichtsbarkeit, Erringung der vollen Wehrhoheit); die schwersten Hindernisse sind dabei die alte volksrechtliche Überlieferung Nordelbingens und die starke Stellung des einheimischen Volksadels. Der Anstoß zu einer grundsätzlichen Wandlung ergibt sich aus der Eroberung und Kolonisation Ostholsteins, wo sich der Graf eine von den Volksgewalten im altholsteinischen Raum unabhängige Macht schaffen kann und dabei das bis dahin in Holstein-Stormarn unbekannte Mittel des Lehnsrechtes benutzt. Graf *Albrecht von Orlamünde,* der im Auftrage König Waldemars II. das von den Dänen eroberte Gebiet seit 1206 verwaltet, fördert die Entwicklung des *Lehnswesens,* das sich im 13. Jahrhundert auf dem Kolonisationsboden immer mehr durchsetzt. Der in Ostholstein ansässige Adlige wird durch das Lehensband mit dem Grafen verknüpft, ist ihm als Lehensmann zur Gefolgschaft verpflichtet; die freie Gefolgschaftsbildung wird durch die Lehensgefolgschaft ersetzt. Das Lehensrecht gibt den Schauenburgern erst die Möglichkeit, die landesherrliche Macht auszubauen. Die alten Volksbeamten verlieren an Einfluß, in der ersten Hälfte des 13. Jahrhunderts entsteht ein *landesherrliches Beamtentum,* das zunächst dem engsten Gefolge des Grafen entnommen wird. Nach 1250 wird bei wichtigen Beschlüssen des Grafen ausdrücklich die Zustimmung seiner, offensichtlich den führenden Adelsfamilien entstammenden Berater beurkundet, die zugleich die Interessen des Landes vertreten. Aus dieser Gruppe des holsteinischen Großadels wählt der Landesherr seine *Beamten für die Hof- und Lokalverwaltung (Marschalk, Drost, Vogt),* sie erheben die Einkünfte, betreuen die gräflichen Burgen, übernehmen das *Aufgebot der adligen Mannschaft* (expeditio) und der *Landwehr* (defensio terrae) und leiten das gräfliche Hofgericht. Erst im 14. Jahrhundert tritt als oberste Verwaltungsbehörde der *„Rat“* (consilium) des Landesherrn hervor. Die Räte sind zugleich Vertrauensmänner des Grafen und Vertreter der adligen Führungsschicht des Landes.

So wird der Adel zu den staatlichen Aufgaben herangezogen, gleichzeitig wachsen aber auch seine Macht und sein Einfluß. Der Ritterstand wird erblich, die ritterliche Lehnsmannschaft wird dem Landesherrn unentbehrlich in den Kämpfen des 13. Jahrhunderts. Der Adlige genießt für sein Hoffeld Abgabenfreiheit, seine wirtschaftliche und soziale Stellung wird durch die Herausbildung der *Grundherrschaft* in Ostholstein noch gesteigert. Hier wird der Bauer zum Hintersassen des adligen Grundherrn, der auch die Gerichtsbarkeit über die ihm zu Diensten und Abgaben verpflichteten Bauern ausübt. Tiefgreifende *soziale Strukturwandlungen* sind die Folge. Der Adel betrachtet sich schließlich als gleichberechtigten Partner des Landesherrn.

Bereits 1285 treten Ritter und Knappen in einen *Schwurverband* mit dem Erzbischof von Bremen und den Städten Hamburg und Lübeck; sie erklären, daß sie ihrem Grafen nur aus freiem Willen Gefolge leisten, nicht aber dazu gezwungen werden können. Auch mit dem Grafen selbst schließen die Adligen solche *Einungen* (so 1306, 1307, 1310), zumeist über Fragen der Besteuerung, der Heerfolge und der landesherrlichen Teilungen. Graf Gerhard III. verhandelt 1323 mit dem Adel über ein Bündnis, das ihn erst befähigt, in die Verhältnisse des Nordens entscheidend und gestaltend einzugreifen.

Die Kolonisationszeit im 13. Jahrhundert ist für die Entwicklung des *Städtewesens* und des *städtischen Bürgertums* besonders fruchtbar. Im östlichen Holstein sind fast alle Städtegründungen auf die kolonisatorische Tätigkeit der Schauenburger Grafen, insbesondere *Adolfs IV.*, zurückzuführen. In Anlehnung an landesherrliche Burgen entstehen *Itzehoe, Segeberg, Rendsburg,* in Anlehnung an ältere slawische Siedlungen *Plön, Oldenburg* und vielleicht *Lütjenburg.* Als planmäßige Neugründungen sind Neustadt und die *Holstenstadt „tom Kyle"* (Kiel) angelegt, das urkundlich zuerst 1242 erwähnt wird. Alle diese Städte wie auch andere auf altholsteinischem Boden *(Krempe, Wilster, Rendsburg)* sind Tochterstädte des Lübischen Rechtes.

Die Geschichte des späteren Herzogtums **Schleswig** gehört in den Umkreis der dänischen Geschichte; noch im 12. Jahrhundert hat sie nur geringe Berührung zu der südlich der Eider gelegenen Grafschaft, wie auch die *Umgestaltung Schleswigs zum Territorium* anders verläuft als die Holsteins. Die grenzpolitische, wirtschaftliche und strategische Bedeutung des Schleigebietes, seine erneute schwere Gefährdung durch das Slawentum haben am Ende des 11. Jahrhunderts zur Errichtung der *dänischen Statthalterschaft* in Schleswig geführt, die gleichzeitig zur Versorgung von Mitgliedern des Königshauses dient.

In der ersten Hälfte des 12. Jahrhunderts ist **Knud Laward** von 1115 bis 1131 der bedeutendste Statthalter *(„Jarl", custos, comes, praefectus).* Mit ausgedehnten Befugnissen versehen, führt er die Grenzwacht an der Befestigungsanlage des *Danewerk;* er sichert die Handelswege, erhebt Zölle und besitzt die unmittelbare Herrschaft über die Grenzmark zwischen *Schlei* und *Eider.* Knud steht in engen Beziehungen zur Stadt *Schleswig,* ist *Äldermann und Schützer* (senior et defensor) der Schleswiger *Gilde,* einer Schwurgilde, deren Vorbilder im flandrisch-niederrheinischen Raum zu finden sind. Im Auftrage des Königs ist er Herr der Stadt und übernimmt dabei die Aufgabe der Friedewahrung und der Abwehr der Slawengefahr. Er treibt auch *Slawenpolitik* nach deutschem Vorbild und wird von Kaiser Lothar eine Zeitlang mit *Wagrien* belehnt, wobei unklar bleibt, wie weit seine Herrschaft als *„Knäs" der Abodriten* reicht. Die hier wie auch in sei-

Abb. 2: Schleswiger Dom, 13. bis 15. Jahrhundert. Lithographie 1864. (J. P. Trap, Statistisk-topographisk Beskrivelse af Hertugdömmet Slesvig, Kjöbenhavn 1864)

nem Konflikt mit dem Dänenkönig sich zeigenden Ansätze zur territorialen Verselbständigung sind zunächst nicht weitergeführt worden. In der Großmachtzeit der Waldemare ist *Südjütland* fest mit dem dänischen Reich verbunden, doch wird der Titel *„dux Juciae"* von den dänischen Königen, dem Sohn und den Enkeln Knuds, weiterhin geführt.

Im 13. Jahrhundert beginnt eine neue Phase: die Umbildung Schleswigs zum Territorium. Entscheidend wird die Abspaltung von der dänischen Königsherrschaft, erst in zweiter Linie steht die Grundlegung einer herzoglichen Zwischengewalt in deutschem Sinne. Deutsche und dänische Verfassungseinflüsse haben dabei eingewirkt. Von großer Bedeutung wird die Tatsache, daß Dänemark in der Großmachtzeit mit dem deutschen *Lehnsrecht* und *Lehnswesen* bekannt wird und das dänische Reich in eine Reihe von *„Fürstenlehen"*, von Teillandschaften aufgeteilt wird, in denen die königlichen Lehnsleute die volle Amtsgewalt ausüben. Die dänischen Könige verhindern, daß die Fürstenlehen erblich werden und durch sie Dänemark in Territorien zerfällt, wenn auch das Herzogtum *Nordhalland* erst im 14. Jahrhundert durch König *Waldemar IV.* eingezogen wird. **Eine Ausnahme bildet jedoch das Herzogtum Schleswig, dessen Absonderung und Eigenentwicklung nicht aufzuhalten sind.** Das Herzogtum, zunächst als *dynastische Sekundogenitur*, dann als *Fürstenlehen* in der Form einer Nebenlinie des dänischen Königshauses, tritt mit Herzog **Abel** (1232–1252), dem Sohn König *Waldemars II.*, in eine neue Periode seiner Geschichte ein. Seitdem zeigen sich Spannungen und Gegensätze zwischen dem Schleswiger Herzog und dem dänischen König, die sich bereits in der Zeit Abels in blutigen Kämpfen entladen. In allen diesen Auseinandersetzungen stehen die *Grafen von Holstein-Stormarn* den Herzögen zur Seite; 1237 wird durch Abels Heirat mit einer Tochter des Grafen *Adolf IV.* eine enge verwandtschaftliche Beziehung zu den Schauenburgern hergestellt. Die holsteinischen Grafen haben während des ganzen 13. Jahrhunderts die Herzöge aus Abels Haus in ihren Bemühungen, die Verbindung mit Dänemark zu lockern, tatkräftig unterstützt, da sie in Schleswig eigene und mit dem Herzogshaus gemeinsame Interessen wahrzunehmen haben und in dem Herzogtum eine Pufferzone gegen eine Wiederaufnahme der südwärts gerichteten dänischen Expansionspolitik sehen.

Könige von Dänemark und Herzöge von Schleswig

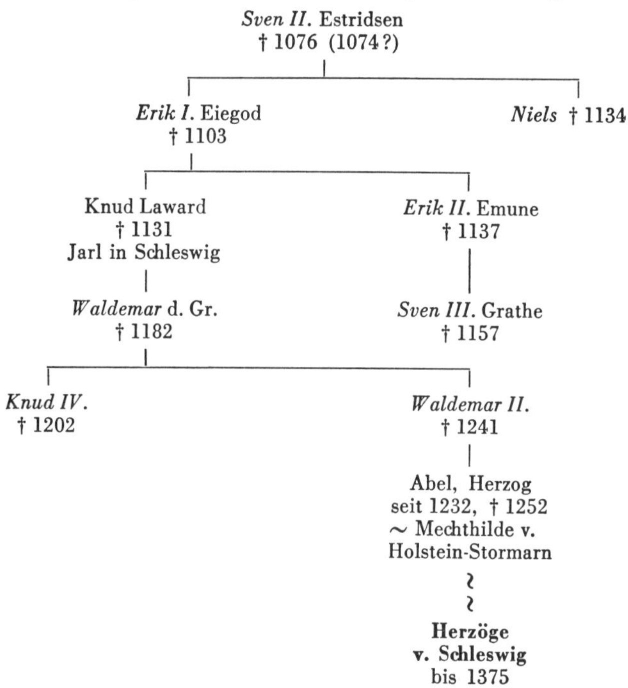

Für die Herzöge von Schleswig wird das deutsche Lehenserbrecht eine Waffe gegen den dänischen König. Ihr Ziel, die *Erblichkeit des Lehnsfürstentums* im Hause Abels wenigstens gewohnheitsrechtlich durchzusetzen, erreichen sie in der zweiten Hälfte des 13. Jahrhunderts. Von Erfolg gekrönt ist ebenfalls ihr Bestreben, die *Regalien*, das Krongut und die Bareinnahmen in die eigene Hand zu bringen. 1286 wird Herzog *Waldemar IV.* die Schleswiger *Münze* übertragen, im 14. Jahrhundert werden die *außerordentlichen Steuern* nicht mehr für den König, sondern für den Herzog eingezogen. Die Abgrenzung des südjütischen Herzogtums zeichnet sich wahrscheinlich schon in der frühen Waldemarzeit durch die *Herauslösung eines eigenen südjütischen Rechtskreises zwischen Eider und Königsau* ab, der seinen Mittelpunkt in der Thingversammlung zu *Urnehöved* (bei *Apenrade*) hat. Das Band zwischen dem Herzog und den Landesbewohnern ist zunächst noch schwach. Im Herzogtum Schleswig gibt es keinen Lehnsadel, sondern nur einen *„Herrenmannadel"* dänischen Gepräges, dessen Angehörige im Dienste des Königs, Herzogs oder des Bischofs stehen. Die Politik der Herzöge geht darauf aus, das Recht, die Mannen (auch *„Frigemannen"*, *Freimannen* genannt) in Dienst zu nehmen, für sich allein zu beanspruchen. In hartem Ringen mit den dänischen Königen gelingt es ihnen, die südjütischen Adligen für sich als *„herzogliche Mannen"* zu verpflichten und die führenden Geschlechter an die Schleswiger Residenz zu binden. Mit adliger Hilfe wird allmählich eine *Zentralverwaltung* aufgebaut; bereits Herzog Abel verfügt über eine eigene Hofkapelle und Hofkanzlei. Wichtigster Beamter wird der *Drost,* der an politischen Entscheidungen, an der Rechtssetzung und der Verfügung über die herzoglichen Güter beteiligt ist. Im herzoglichen Gericht ist der *„Justitiarius"* maßgebend; doch ist es dem Herzog nicht geglückt, das Gerichtswesen wirklich zu beherrschen. Die Grundzüge der im *Jütischen Recht von 1241* festgelegten Gerichtsverfassung und die vor allem im *Hardesthing* lebendige Volksgerichtsbarkeit bleiben bestehen. Der *herzogliche Rat* hat sich, ähnlich wie in Holstein, aus dem engeren Gefolge des Herzogs und dem Mitspracherecht des südjütischen Adels entwikkelt, ohne sich zunächst institutionell zu verfestigen. Alle Ämter, insbesondere die *Vogteien,* werden vom Adel besetzt, der somit die wichtigsten Funktionen im Herzogtum wahrzunehmen hat: er bildet das herzogliche Gefolge, stellt die Hof- und Lokalbeamten, leitet das militärische Aufgebot und ist seit Mitte des 14. Jahrhunderts zugleich *Geldgeber und Pfandgläubiger* der wirtschaftlich schwachen Herzöge.

Für die innere Struktur des Herzogtums und für die auch nationalpolitisch folgenreichen Wandlungen innerhalb seiner Bevölkerung ist die **Einwanderung deutscher Adliger und Bauern in den siedlungsarmen Raum zwischen Schlei und Eider** von größter Bedeutung. Aus dem *„Erdbuch" König Waldemars II.* 1231 läßt sich schließen, daß sich damals schon deutsche Siedler auf dem Gebiet des Königsgutes im südöstlichen Schleswig niedergelassen haben. Eine entscheidende Voraussetzung für das Eindringen des holsteinischen Adels in das Herzogtum sind die *Verpfändungen* umfangreicher herzoglicher und königlicher Güter an die Holsteiner Grafen.

Im Jahre 1260 verpfändet *Mechthild,* die Witwe Herzog *Abels,* ihren gesamten Grundbesitz zwischen Schlei und Eider (einschließlich des Königsgutes) an ihre Brüder, die Holsteiner Grafen *Gerhard I.* und *Johann I.*, und 1288 wird dem Grafen *Gerhard I.* ein Teil dieser Güter zu vollem Eigentum und erblich überlassen.

1313 verzichtet Herzog *Erich II.* auf *Langeland,* dafür werden ihm die noch im Besitz des Königs befindlichen schleswigschen Güter zuerkannt. Das Krongut ist damit endgültig in der Hand des Herzogs.

Im Jahre 1325 verpfändet Herzog *Waldemar V.* an den Holsteiner Grafen *Johann III.* die Stadt *Eckernförde,* den *Dänischen Wohld* und seine restlichen Besitzungen zwischen Schlei und Eider.

1328 überläßt *Johann III.* seinen gesamten Pfandbesitz an den Grafen *Gerhard III.*, der damit zum Alleinbesitzer des größten Teiles des Schlei-Eider-Bezirkes wird.

Über die nunmehr nach Süden geöffnete Eidergrenze dringen wahrscheinlich bald nach 1260 *holsteinische Adlige* ein, zunächst wohl nur in den an der Eider gelegenen Grenzraum, dann in die nördlicheren ehemaligen Krongüterbereiche vorstoßend, in den *Dänischen Wohld* in der ersten, nach *Schwansen* in der zweiten Hälfte des 14. Jahrhunderts. Neben den südjütischen Herrenmannadel tritt der ihm durch Reichtum und die in Wagrien bewährten Wirtschaftsmethoden überlegene holsteinische *Unternehmeradel,* der seine Güter in Schleswig nicht als Lehen, sondern als freies *Eigentum* erhält und die im ostholsteinischen Kolonisationsgebiet entwickelten Formen der Grundherrschaft und patrimonialen Gerichtsbarkeit nach Schleswig mitbringt.

Auch im **Städtewesen** des Herzogtums zeichnen sich Wandlungen ab, die durch deutsche Einwanderung und Kultureinfluß bestimmt werden: sie fallen jedoch überwiegend in den für die Landesgeschichte entscheidungsreichen nächsten Zeitabschnitt.

IV. Die Vereinigung Holsteins und Schleswigs (bis 1440)

Zu Beginn des 14. Jahrhunderts versucht König **Erich Menved** (1286–1319), den Traum der Machtstellung Dänemarks in der Waldemarzeit wiederum zu verwirklichen. *Die holsteinischen Grafen beugen sich der dänischen Oberhoheit. Lübeck anerkennt die Schutzherrschaft Dänemarks*, 1304 erneuert der deutsche König die Metzer Urkunde von 1214. *Rostock, Wismar* und *Stralsund* unterwerfen sich 1312 dem Dänenkönig. Aber diese, mit unzulänglichen Mitteln begonnene Politik bricht jäh zusammen: König Erich hinterläßt sein Reich in innerer Verwirrung und Verschuldung. 1317 verpfändet er dem Holsteiner Grafen **Gerhard III. von Rendsburg** die Insel *Fünen*, sein Nachfolger König **Christoph II.** überläßt *Fehmarn* dem Grafen *Johann von Plön* und *Langeland* als Pfandherrschaft dem Schleswiger Herzog. Die folgenden Ereignisse sind nur zu verstehen aus der Macht, die sich der dänische Adel errungen hat, aus den großen Zugeständnissen der Christoph II. aufgezwungenen *Handfeste (Wahlkapitulation)* von 1320, durch die der vom Adel besetzte *„Rat"* zur kontrollierenden und mitbestimmenden Behörde des Reiches wird. Als es bald darauf zu unversöhnlichen Gegensätzen zwischen Hochadel und König kommt, sich der Herrenmannadel gegen Christoph erhebt und den Herzog von Schleswig um Hilfe ruft, handelt Graf *Gerhard III.* für seinen unmündigen Neffen Herzog *Waldemar V.* von Schleswig und greift in die innerdänischen Zwistigkeiten ein. König Christoph wird **1326** in der Schlacht am *Hesterberg* (bei Schleswig) besiegt und aus dem Lande vertrieben. **Ereignisse, die zu einer der größten Katastrophen in der dänischen Geschichte führen und eine neue Stufe der schauenburgischen Politik bedeuten:** sie ist nicht mehr gekennzeichnet durch Abwehr und Verteidigung, sondern durch *Ausgriff* und *Expansion*, durch *Intervention in Schleswig und Dänemark*. Führend ist dabei die *Rendsburger Linie des Grafenhauses*. 1273 wird die Grafschaft zum erstenmal nach dynastischem Erbrechtsgrundsatz geteilt, und nach 1290 bestehen zeitweilig *fünf regierende Linien*, nach ihren Burgen *Segeberger, Kieler, Plöner, Pinneberger* und *Rendsburger* Linie genannt. Die Herrschaft *Pinneberg*, durch die Teilung von 1304 im Winkel zwischen Elbe und Alster entstanden und in der Folgezeit zu einem geschlossenen Territorium abgerundet, bleibt auch nach Beseitigung der Teilungen 1390 bestehen und *ist bis 1640 mit dem Stammland der Schauenburger an der Weser verbunden*.

Die Vorgänge von 1326 zeigen die Größe der schauenburgischen Erfolge:

1. Graf Gerhard setzt beim dänischen Hochadel durch, daß sein Neffe *Waldemar V.* von Schleswig zum König gewählt und er selbst als sein Vor-

mund anerkannt wird. Tatsächlich bedeutet dies die *Herrschaft des Grafen über ganz Dänemark (regni Daciae administrator – vormund des rikes to Dennemarken).*

2. Die 1326 ausgestellte *Handfeste* des jungen Königs enthält eine Zusicherung, welche die engere Verbindung und Verschmelzung des Herzogtums Schleswig mit Krone und Reich Dänemarks verhindern soll: es soll nicht der gleiche Herr sein über beide Gebiete *(Constitutio Valdemariana).* Eine unwandelbare Vertragsgrundlage ist freilich damit nicht geschaffen, zumal diese Zusage den Interessen des dänischen Staates widerspricht und nur das Ergebnis einer von den Holsteinern rücksichtslos ausgenutzten Zwangslage ist.

3. *Graf Gerhard wird am 15. August 1326 in Nyborg das Herzogtum Schleswig als erbliches und freies Fahnenlehen übertragen;* gegenüber dem dänischen König wird nur eine unbestimmte Treuepflicht erwähnt. **Zum erstenmal sind damit Holstein und Schleswig unter einem Schauenburger Grafen vereinigt.**

4. Gerhard III. erstrebt nicht allein Neuordnung der Beziehungen des Herzogtums zu Dänemark, sondern auch *Vorherrschaft über das Dänische Reich* und seine völlige *territoriale Aufspaltung* mit Hilfe der Sonderrechte des Adels und der Landschaften. Daher Aufgliederung Dänemarks in Pfandschaften und Pfandlehen: Graf Johann III. von Plön erhält außer Fehmarn noch *Lolland,* Herzog Heinrich von Mecklenburg *Falster* und *Mön,* Gerhard III. behält Fünen für sich; andere Teile des Reiches werden an Mitglieder des dänischen Adels vergeben. Seitdem verbinden und überkreuzen sich *zwei Linien der schauenburgischen Politik:* die „schleswigsche" oder „schleswig-holsteinische" Zielsetzung (Förderung der Aussonderung Schleswigs aus Dänemark, wenn möglich Herrschaft über das Herzogtum) und die Einwirkung auf Dänemark (Umbau in einen Lehnsstaat, Territorialisierung).

Nach der Rückkehr König Christophs auf seinen Thron fällt das Herzogtum Schleswig 1330 wieder an den Herzog aus Abels Geschlecht zurück, *Graf Gerhard erhält jedoch die Anwartschaft auf Schleswig, Nordjütland als Pfandschaft und Fünen als erbliches Lehen.* Nach dem Tode König Christophs 1332 befindet sich fast ganz Dänemark als Pfand im Besitz der Schauenburger Grafen (Gerhards III. und Johanns III.), die es gemeinsam beherrschen. Diese dänische Reichspolitik scheitert aus mannigfachen Gründen: Rivalität zwischen der dem dänischen Königshause verwandten Plöner Linie und den Rendsburger Grafen, Gegnerschaft des dänischen Volkes und von Teilen des Adels, Widerstand der Hanse und besonders Lübecks gegen die Herrschaft der Holsteiner an Sund und Belt. 1339 zieht sich Gerhard wieder auf Schleswig zurück, Herzog Waldemar wird gezwungen, das südjütische Gebiet gegen den nordjütischen Pfandbesitz des Grafen herauszugeben.

Im Jahre 1340 wird Gerhard bei dem Versuch, einen Aufstand in Jütland niederzuringen, von dem Ritter Niels Ebbesen ermordet. Der Leitgedanke der Schauenburger Politik bleibt weiterhin, das Schleswiger Herzogtum festzuhalten und ganz zu erwerben.

Seit 1340 beginnt ein hundertjähriges Ringen um Schleswig, das sich immer enger mit der gesamtnordischen Geschichte und mit dem Kampf der Hansestädte um ihre Vormacht im Handel der Ostsee und Nordeuropas verflicht. Dabei ergeben sich *drei Teilabschnitte.*

1. Die Jahre 1340–1375

Das Herzogtum Schleswig wird vom dänischen König und von den Schauenburgern zugleich bedrängt: seine territoriale Geschlossenheit geht fast ganz verloren; um den Besitz einzelner Pfandschaften, Vogteien, Burgen und Städte wird gestritten, der Machtbereich der ohnmächtigen Herzöge wird immer mehr eingeengt. Der mittlere Teil des Herzogtums mit der Stadt Schleswig und dem Gottorfer Schloß bleibt im Besitz der Holsteiner Grafen. 1372 verfügt der Landesherr nur noch über einen Bruchteil seines Restherzogtums. In Dänemark gelingt es König *Waldemar IV. Atterdag* (1340–1375) die Königsgewalt wieder zu erneuern, die Pfandschaften einzulösen und den größten Teil seines Reiches wieder zu vereinigen. Durch den Überfall auf die Stadt *Wisby* 1361 und die Besitznahme der Insel *Gotland* entfesselt er den Krieg mit den Hansestädten, dann auch mit *Schweden* und *Norwegen,* bei dem die holsteinischen Grafen auf die Seite der Städte treten. **Der Friede von Stralsund (24. Mai 1370) bedeutet den Höhepunkt hansischer Machtstellung.** Die Grafen kämpfen weiter zusammen mit dem aufständischen jütischen Adel gegen den König; erst 1373, im Vergleich von Flensburg, geben sie das von ihnen besetzte Nordjütland preis, behalten jedoch den größten Teil Schleswigs als Pfand für sich. 1375 stirbt der letzte von Abel abstammende Herzog von Schleswig und kurz darauf mit Waldemar IV. auch der letzte Nachkomme aus dem dänischen Königsgeschlecht Sven Estridsens.

2. Die Jahre 1375–1410

Nach 1375 tritt die Auseinandersetzung um die Rechtsstellung des Herzogtums Schleswig, um Lehnsrecht, Erbrecht, Vormundschaft, wieder stärker in den Vordergrund. Die dänische Reichspolitik wird seit 1380 bestimmt durch die kraftvolle und kluge Persönlichkeit der Königin *Margarete,* der jüngsten Tochter Waldemars IV. und Witwe des norwegischen Königs Haakon. Ihr Ziel ist, die Macht des Königtums in Dänemark zu erhöhen und die drei Reiche des Nordens unter dänischer Vorherrschaft zu einigen. Um ihre ganze Kraft auf die Gewinnung Schwedens richten zu können, verfolgt sie gegenüber der Hanse eine vorsichtig-maßvolle Politik und vertagt zunächst den Kampf um Schleswig. Unter Vermittlung Lübecks verständigt sie sich mit den Holsteiner Grafen und **belehnt am 15. August 1386 zu Nyborg Graf Gerhard VI.** (aus der Rendsburger Linie) **erblich mit dem Herzogtum Schleswig,** wobei der Graf den Lehnseid leistet und dem Dänischen Reiche Mannschaft und Kriegshilfe gelobt, die anderen anwesenden Mitglieder des Rendsburger Grafenhauses einen Huldigungseid schwören. Wieder sind die Lande nördlich und südlich der Eider unter der Herrschaft eines Schauenburgers vereinigt, aber offensichtlich will Margarete die Grafen gleichzeitig an sich binden, während sie mit der großen nordeuropäischen Politik beschäftigt ist. Vor dem *Unionstreffen von Kalmar* 1397, bei dem Margaretes Großneffe *Erich von Pommern* König aller drei Reiche des Nordens (Dänemarks, Norwegens, Schwedens) wird, findet 1396 in *Assens* (Fünen) eine Begegnung der Königin mit den Rendsburger Grafen statt, bei der nur Gerhard VI. erneut den Lehnseid leistet. Zweifellos betrachtet Margarete weiterhin Schleswig als ein dänisches Teilfürstentum, das einmal wieder enger mit der Krone verbunden werden muß. In ihren letzten Lebensjahren wendet sie sich wieder der schleswigschen Frage zu, als ein Familien- und Erbschaftsstreit die Holsteiner lähmt und nachdem Graf Gerhard VI. 1404 im Kampf gegen die Dithmarscher gefallen ist. Sie kann König Erich zum Vormund der Kinder Gerhards bestimmen lassen, gewinnt durch das bewährte Mittel der Pfandschaften in Schleswig an Boden und zieht auch den südjütischen Adel zu sich hinüber. *1410 beginnt mit einem Angriff der Holsteiner auf Flensburg der offene Krieg um Schleswig von neuem.*

3. Die Jahre 1410–1440

Diese letzte Phase ist die blutigste und an Wechselfällen reichste des Ringens um das Herzogtum Schleswig, sie hat den gesamten Ostseeraum tiefgreifend beeinflußt. König Erich von Pommern, der Beherrscher der Nordischen Union, sieht die Wiedergewinnung Schleswigs als seine Lebensaufgabe an, will aber auch die Union im Sinne eines von Dänemark gelenkten Einheitsstaates umformen und gleichzeitig den Gedanken eines *dänischen oder dänisch-pommerschen Ostseeimperiums wiederbeleben.* In Starrsinn und Maßlosigkeit richtet er schließlich sich selbst, sein Reich und die Union zugrunde, da er alle gegnerischen Kräfte heraufbeschwört. Die Auseinandersetzung um Schleswig führt er gleichzeitig als *Rechtsstreit* durch, in prozessualen Formen, wobei er vor allem das Erbrecht der Rendsburger Grafen und die Gültigkeit der Belehnungen von 1326 und 1386 zu widerlegen sucht. An friedlicher Beilegung der Streitfrage ist vor allem den *Hansestädten* gelegen, die sogar von 1423 bis 1426 im Bündnis mit dem König stehen (Lübeck, Wismar, Rostock, Stralsund, Lüneburg, Greifswald, Anklam). Aber König Erich eröffnet nach schweren Konflikten mit den über die Verletzung ihrer Privilegien empörten Städten 1426 wieder den *Krieg um Schleswig*. Nun aber verbünden sich die Städte (Lübeck, Hamburg, Wismar, Stralsund) mit seinen unversöhnlichsten Feinden, den *holsteinischen Grafen aus der Rendsburger Linie*, die nach dem Aussterben der Plöner Linie (1390) ganz Holstein-Stormarn (außer der Grafschaft Pinneberg) beherrschen. 1431 glückt es den Verbündeten, die Stadt Flensburg , den Vorposten Dänemarks im Herzogtum, mit der Feste Duburg zu nehmen. 1432 folgt der Waffenstillstand, 1434 beginnen die Friedensverhandlungen, während derer König Erich durch den Aufstand der Schweden in harte Bedrängnis gerät.

Am **15. Juli 1435 kommt der Friede von Vordingborg zustande:** *den Städten wird der freie Verkehr auf Grund der alten Privilegien zugesichert, das Bündnis von 1423 für nichtig erklärt, der Schauenburger Adolf VIII. im Besitz des Herzogtums Schleswig (außer Arrö und Hadersleben) bestätigt, für seine Erben jedoch nur auf zwei Jahre.* Da weder von Belehnung noch von Erbschaft die Rede ist, bleibt die Kernfrage ungelöst. Erst das Auseinanderbrechen der Union, neue, nun auch auf Norwegen übergreifende Aufstände in Schweden und die 1438 in Dänemark ausbrechenden Unruhen (die Bauern erheben sich gegen Adel und Geistlichkeit und rufen die Vermittlung Herzog Adolfs VIII. an) bringen die Wende: König Erich flüchtet nach Gotland, der dänische Reichsrat bietet 1439 dem Neffen des Gestürzten, *Christoph von Bayern*, die Krone an.

Am **30. April 1440 muß der neue dänische König Christoph III.** (1439 bis 1448) **Herzog Adolf VIII. die erbliche Belehnung mit dem gesamten Herzogtum gewähren.** Die Schauenburger stehen am Ziele ihrer Politik. Sind auch die Grafschaft und das Herzogtum Lehen verschiedener Reiche, so ist doch die Eidergrenze überbrückt. **Schleswig und Holstein sind unter dem gleichen Herrscher zu einem Staatswesen vereinigt.**

Innere Verhältnisse. Im 14. Jahrhundert steigert sich weiterhin die *soziale und politische Machtstellung des holsteinischen Adels*, besonders nach der Vereinigung Holsteins mit Schleswig 1326 und 1386. Schon zur Zeit Gerhards III. wird der Krieg im wesentlichen mit *Söldnern* geführt, das Söldnerwesen aber vom Adel finanziert, wofür ihm von den Grafen *Ämter* und *Pfandschaften* überlassen werden. Nach 1386 löst sich der Adel in Holstein aus den ländlichen Verwaltungsbezirken und erreicht die *Exemtion von den Volksgerichten*. Durch die Einwanderung des holsteinischen Adels in Schleswig werden jedoch nur der *Dänische Wohld* und *Schwansen* (im Südosten) Gebiete der geschlossenen adligen Grundherrschaft, die sich darüber hinaus lediglich auf Teile *Angelns* und kleinere Distrikte *Nordschleswigs (Gram, Sundewitt)* erstreckt. Der südjütische Adel wird vom holsteinischen immer mehr zurückgedrängt, aufgesogen oder sinkt in die großbäuerliche Schicht zurück. Mitte des 15. Jahrhunderts haben nur wenige dänisch-jütische Adelsfamilien sich ihren geschlossenen Besitz im Herzogtum Schleswig erhalten, südlich Flensburgs ist so gut wie kein südjütisches Adelsgeschlecht mehr festzustellen. Der in Schleswig und in Holstein ansässige deutsche Adel, durch verwandtschaftliche Beziehungen aufs engste miteinander verflochten, wird vor allem durch den Kampf um Schleswig zusammengeschweißt. Das Lehnsrecht wird durch ein neues *adliges Standesrecht* überwunden, die Lehnsmannschaft bildet sich um zu einer über den Kirchspielverbänden stehenden Korporation. *So entsteht die schleswig-holsteinische Ritterschaft,* die zu einer Schleswig und Holstein verbindenden Klammer und zu einer die Geschichte des Landes entscheidend bestimmenden sozialen und politischen Kraft wird. Vor allem die *Teilungspolitik* der Schauenburger stößt auf den Widerstand des Adels, da er seine Rechte und Interessen nur wahrnehmen kann, wenn er als Korporation nicht aufgespalten wird. Bei einem Streit um das Erbe der Plöner Linie versammelt sich 1397 die Ritterschaft in Bornhöved und läßt sich beurkunden, daß sie *„ungeteilt"* bleiben wird. Zum erstenmal erscheinen auf dieser Versammlung auch Ritter aus dem Herzogtum Schleswig: *„Geburtsstunde der schleswig-holsteinischen Ritterschaft"* (Werner Carstens). Die Anfänge der *landständischen Verfassung* liegen schon in dieser Zeit, doch sind die beiden Versammlungen zu *Bornhöved* in Holstein und zu *Urnehöved* in Schleswig verschiedenen Ursprungs und Charakters. Bornhöved ist zunächst Versammlungsort des Plöner Adels, dann der holsteinischen Ritterschaft. In Urnehöved tritt das aus dem nordischen, dänisch-jütischen Recht hergeleitete *Landthing* zusammen, an dem auch die Bauern teilnehmen; es wird allmählich umgeformt in ständischem Sinne; 1397 werden Vertreter des Adels (der sich in Schleswig noch nicht aus den volksrechtlichen Verbänden losgelöst hat), der Geistlichkeit und der Städte ausdrücklich genannt. Macht und Einfluß der Ritterschaft werden unterbaut durch die ihr vom Landesherrn bewilligten *Vorrechte.* 1415 wird das *„Indigenatsrecht"* erwähnt: die Ämter sollen nur von eingesessenen Adligen besetzt werden.

Durch das *„Bedeprivileg"* von 1422: wird der Adel von der „Bede" (Steuer) befreit, nun auch für die Hufen der bäuerlichen Hintersassen, außer in bestimmten genau festgelegten Fällen; Kriegsdienst ist nur innerhalb des Landes zu leisten (bis zur *Levensau* an der Grenze zwischen Schleswig und Holstein); Eröffnung eines Krieges ist an die Zustimmung der „Räte" gebunden.

Für die Ausbildung des *Städtewesens* im Herzogtum ist das *Schleswiger Stadtrecht* vielfach das Muster. Es wirkt auf die Stadtverfassungen von *Flensburg,* wo sich auch der Einfluß des Jütischen Landrechtes zeigt, und

Abb. 3: Das Nordertor in Flensburg, um 1595 erbaut; das einzige erhaltene Stadttor im Schleswigschen. Photographie um 1890. (Stadtarchiv Flensburg)

von *Hadersleben,* mit gewissen Veränderungen auf *Apenrade, Eckernförde* und *Sonderburg* ein. Eine Enklave des *Lübischen Stadtrechtes* im Herzogtum Schleswig ist *Tondern* (Stadtrecht 1243). Im 13. und 14. Jahrhundert wandern in die schleswigschen Städte *deutsche Kaufleute und Handwerker* ein, vor allem aus Niedersachsen und Westfalen. Im Laufe des 15. Jahrhunderts wird die Schriftsprache in den Städten, die Sprache der Urkunden, der Verwaltung insgesamt niederdeutsch wie die Sprache der Handwerker, des Handels und des Verkehrs, des Adels und der Träger höherer Bildung. Seit 1307 sind die *Bischöfe von Schleswig* deutscher Herkunft. Förderer deutschen Kultureinflusses sind auch das *Schleswiger Domkapitel* und die beiden *Zisterzienserklöster* im Herzogtum *(Lügumkloster* in Nordschleswig und *Ryde* in Angeln).

Außerhalb des Gebietes adliger Grundherrschaft, im Raum der landesherrlichen *Vogteien* (der späteren „Ämter"), erhält sich das *freie Bauerntum.* Auch in Altholstein außerhalb Wagriens ist es dem Adel nicht gelungen, die Rechtsstellung des Bauern wesentlich zu verschlechtern. Lediglich in Schleswig gibt es außerhalb der Grundherrschaften neben den freien Bauern *(Bonden)* solche, die ihr Land nicht zu vollem Eigentum besitzen, aus dem Hardesthing ausgeschieden sind und an einen Schutzherrn, den Landesherrn oder einen Adligen, Pacht zu entrichten haben *(„Festebauern"). Deutsche bäuerliche Siedlung* ist nur im Raum zwischen Eider und

Schlei festzustellen; nördlich davon hält sich auf dem Lande das dänisch-jütische Volkselement und bewahrt sich auch seine Sprache trotz starker niederdeutscher Kultureinflüsse.

Der Reichtum des geschichtlichen Lebens, besonders im Bereich des Bauerntums, zeigt sich vor allem in der **Sonderentwicklung Dithmarschens und Nordfrieslands.**

Die von den beiden anderen nordelbischen Sachsengauen abweichende eigenständige Geschichte **Dithmarschens** ist z.T. aus der natürlichen Abgeschlossenheit des Landes, aber auch aus der zähen Lebenskraft und dem Freiheitswillen seiner Bewohner zu erklären, die sich in ständigem Kampf mit dem Meere bewähren müssen, um die Marschniederungen der Nordsee abzuringen. Das eigentümlichste Merkmal der dithmarsischen Geschichte ist das *Geschlechterwesen,* das sich wahrscheinlich bei der Besiedlung der Marschen (zwischen 1000 und 1200) herausbildet. Als Siedlungsgemeinschaften haben die „Geschlechter" die rückwärtige Marsch besiedelt. In der zweiten Hälfte des 13. Jahrhunderts verbreitet sich die *Geschlechterverfassung* auch über die Geest. Die Geschlechter werden zu *Schwur- und Fehdegemeinschaften,* in denen sich die altgermanischen Einrichtungen der *Blutrache* und *Eideshilfe* erhalten und die in der Wehrverfassung eine große Rolle spielen. Durch die das ganze Land netzartig überdeckenden Geschlechter geraten die *Kirchspielverbände* in schwere Krisen; diese Auseinandersetzung zwischen personalen und territorialen Gliederungen durchzieht die mittelalterliche Geschichte Dithmarschens.

Die andere Leitlinie ist der *dauernde Kampf gegen alle Versuche, eine landesherrliche Beamtenregierung durchzusetzen.* Mit Erfolg wehren sich die Dithmarscher gegen mannigfache Bestrebungen geistlicher und weltlicher Herren, der Grafen von Stade, Heinrichs des Löwen, der Bremer Erzbischöfe, der Schauenburger, sie unter ihre Oberhoheit zu zwingen. Nach der Schlacht von Bornhöved unterstellen sie sich der schwachen *Lehnsherrschaft der Bremer Erzbischöfe.* Obwohl Vögte des Erzbischofs den fünf *Landesvierteln* vorstehen und den *Blutbann* besitzen, sind die autonomen Kräfte stärker. Seit dem 13. Jahrhundert beginnt die eigentliche Epoche des Dithmarscher *„Freistaates",* in der sich zunächst die Kirchspielverbände im Widerstand gegen die Geschlechter und die landesherrlichen Beamten in den *„Ratgebern und Geschworenen"* ein eigenes Verwaltungsorgan schaffen und schließlich die alte Volksversammlung durch „Repräsentationskollegien" abgelöst wird. In schweren Kämpfen, nach außen vor allem gegen die Schauenburger Grafen, nach innen gegen die Geschlechterverbände, kann sich die *Landesverfassung* festigen. Im Zusammenwirken mit *Hamburg,* dessen Schiffahrt durch See- und Strandraub der südlichen Geschlechter ständig bedroht ist, gelingt es den nördlichen Kirchspielen, dem Süden eine neue Verfassung aufzuzwingen. Ihre Grundlage ist das

Dithmarscher Landrecht von 1447. Noch behalten die Geschlechter wichtige Aufgaben im Rechtsleben; noch sind die Kirchspiele an der Legislative beteiligt, aber eine Zentralgewalt wird nunmehr in *Heide* geschaffen, das damit dem altehrwürdigen *Meldorf* den Rang abläuft. Das Kollegium der 48 Ratgeber oder *Richter*, später auch *Verweser* oder *Regenten* genannt, von den Kirchspielen auf Lebenszeit gewählt, entwickelt sich freilich erst im 16. Jahrhundert zu einer Landesregierung; in wichtigen Fällen wird nach wie vor die *Landesversammlung* einberufen. Im Schutze dieser Verfassung, einer der denkwürdigsten Denkmäler germanischer Rechtsüberlieferung, hat der Dithmarscher Bauernstaat noch über ein Jahrhundert seine Unabhängigkeit wahren können.

Den **Nordfriesen** blieb es verwehrt, einheitliche Rechts- und Verwaltungsverhältnisse auszubilden. Bereits in der Mitte des 12. Jahrhunderts sind die beiden Gruppen der *„Herzogsfriesen"* und der *„Königsfriesen"* zu unterscheiden. Die Herzogsfriesen in den drei *Geestharden* der mittelschleswigschen Westküste sind in die vom Norden bestimmten Verwaltungsbezirke des Herzogtums einbezogen, für sie ist auch das Jütische Recht von 1241 gültig. Anders die Königsfriesen in den *Utlanden*, den *Marschen* und auf den *Inseln:* in *Eiderstedt*, *Altnordstrand*, der *Osterharde Föhr* und *Sylter Harde* und den *Marschharden* an der Westküste. Ausscheiden muß eine kleinere dritte Gruppe – die *Westerharde Föhr*, *Amrum*, die *Lister Nordspitze von Sylt* und ein Teil der *Insel Röm* –, die ebenso wie *Ripen*, *Mögeltondern* und andere kleinere Distrikte Nordschleswigs seit dem hohen Mittelalter staatsrechtlich *Dänemark* angehören und bis 1864 als *„Enklaven"* forstbestehen.

Die *Königsfriesen* bewahren sich einen guten Teil germanischer Überlieferung und wehren sich mit Erbitterung gegen die Versuche der dänischen Könige, sie unter das Jütische Recht zu beugen. In den Kämpfen zwischen den Schauenburgern und König Erich treten sie auf die Seite der Schauenburger Grafen. Damit in Zusammenhang steht 1426 die *schriftliche Fixierung ihrer Rechtsquellen* in Anwesenheit eines Vertreters der Grafen; der *„Krone der rechten Wahrheit"* für Eiderstedt und der *„Siebenhardenbeliebung"* für sieben friesische Harden in den Marschen und auf den Inseln.

Ähnliche Verhältnisse wie im Gebiet der nordfriesischen Rechte von 1426 zeigen sich in allen Teilen des schleswig-holsteinischen Raumes, die noch im 19. Jahrhundert als **„Landschaften"** von den „Ämtern" unterschieden werden: sie stehen unter der Landesherrschaft, erhalten sich aber, vor allem im Rechtswesen, weitgehend *bäuerliche Autonomie*. Das gilt für **Stapelholm** (im Winkel zwischen *Treene* und *Eider*) und die **Insel Fehmarn.** Doch auch in den landesherrlichen Ämtern sind die *Volksgerichte* – die Hardesgerichte in Schleswig, die Kirchspielgerichte in Holstein –, trotz aller Einschränkung ihrer Befugnisse, bis zur Einführung der preußischen Gerichtsverfassung 1867 tätig gewesen.

V. Schleswig-Holstein im Zeitalter des Ständestaates und der Reformation

1. Dynastische Verbindung mit Dänemark 1460, die Teilung von 1490

Da Herzog Adolf VIII. keine unmittelbaren Erben hat, werden durch seinen Tod 1459 die großen Erfolge des Schauenburger Hauses in Frage gestellt. Denn ein Recht auf beide „Fürstentümer" hat niemand. Auf Schleswig kann lediglich die mit Adolf aussterbende Rendsburger Linie Anspruch erheben, nicht die Pinneberger Nebenlinie, die nur in Holstein-Stormarn erbberechtigt ist. Verschiedene Nachfolge in den Landen nördlich und südlich der Eider hätte Auflösung der zwischen ihnen bestehenden Bande bedeutet; dies widerspricht vor allem den Überlieferungen und Interessen der Ritterschaft. Für sie und den Rat des Landes ist der Gedanke maßgebend, daß Schleswig und Holstein nicht getrennt werden dürfen; daher schließt sich die Ritterschaft zu einem Schwurverband zusammen und gelobt, nur **einen** Herrn über beide Lande zu wählen. Nachdem es auf mehreren Tagungen zu keiner Einigung mit den verschiedenen Prätendenten gekommen ist, greift König **Christian I. von Dänemark** ein, der aus dem *Oldenburger* Grafenhause stammende Neffe des verstorbenen Herzogs, der 1448 zum dänischen König gewählt war. Er zieht die Verhandlungen mit den schleswig-holsteinischen Räten nach **Ripen** und **wird dort am 2. März 1460 zum Landesherrn gewählt.** Die Mitbewerber, seine Brüder *Gerhard* und *Moritz* und Graf *Otto* von Pinneberg, werden durch hohe Geldsummen entschädigt, für die führende Männer der Ritterschaft die Bürgschaft übernehmen. Die Gegengabe des Gewählten ist eine Privilegierung reichsten Maßes, enthalten in dem **Ripener Freiheitsbrief** vom 5. März und der ihn ergänzenden, nach Huldigung der Ritterschaft ausgefertigten Kieler Urkunde *(„Tapfere Verbesserung")* vom 4. April 1460.

Vielfach haben dabei die Vorbilder des Nordens eingewirkt: das Wahlrecht des dänischen und schwedischen Reichsrates, die beherrschende Stellung der dänischen Räte. Das Wahlrecht ist zwar an das Geschlecht Christians gebunden; doch ist die Verpflichtung auf die Rechte und Freiheiten der Urkunden Vorbedingung für Wahl und Huldigung. Der Grundgedanke der Urkunden ist die Autonomie der Lande: daher keine Pflicht zur Heerfolge außerhalb der Landesgrenzen, daher Unabhängigkeit des Gerichtswesens, Münzprivileg, Steuerbewilligungsrecht und Indigenatsrecht für alle Ämter. Sowohl die Teilung nach fürstlichem Erbrecht wie die Trennung der Lande soll verhindert werden durch die Verpflichtung des Gewählten und seiner Erben, Schleswig und Holstein **immer ungeteilt zusammenbleiben zu lassen** *(„dat se bliven* *ewich tosamende ungedelt"). In allen wichtigen Entscheidungen (Kriegserklärung, Rechtsgeschäfte, Ein- und Absetzung der Beamten) ist der Landesherr an die Zustimmung des Rates gebunden.*

Die Politik der *Constitutio Valdemariana* ist damit preisgegeben, eine über vier Jahrhunderte dauernde Verknüpfung des ganzen Landes – auch Holstein-Stormarns – mit Dänemark angebahnt, die freilich zunächst nur die Person des Herrschers betrifft *(„Personalunion")*. Das Herzogtum und die Grafschaft sind in einer Art *„Realunion"* miteinander verbunden; doch bleibt Schleswig dänisches, Holstein deutsches Lehen. Die Vorgänge von 1460 geben der wirtschaftlichen und politischen Machtstellung des Adels eine feste Grundlage. Schon vor 1460 sind die meisten Ämter des Landes an Mitglieder der Ritterschaft verpfändet; die adligen Wähler werden in Ripen reich belohnt und außerdem Gläubiger des Landesherrn. In Ripen sind die Voraussetzungen zur Entwicklung des *schleswig-holsteinischen Ständestaates* geschaffen, es beginnt die Neubildung des Ständewesens. Die Versammlungen von Urnehöved und Bornhöved werden durch gemeinsame *Landtage*, „Drei-Kurien-Landtage" mit Prälaten, Rittern und Städten, nach deutschen Anregungen abgelöst.

Die Folgezeit ist gekennzeichnet durch das *Ringen zwischen Adel und Landesherrn*, zwischen ständischem und fürstlichem Prinzip, Wahlrecht und Erbrecht. Der Adel gerät in scharfen Konflikt mit Graf *Gerhard von Oldenburg-Delmenhorst*, dem sein Bruder Christian die Regelung der Schulden- und Pfandschaftsfragen und eine Zeitlang die Statthalterschaft anvertraut hat. In Sorge um Beeinträchtigung der Privilegien schließen die schleswig-holsteinischen und dänischen Räte 1466 zu *Kolding* ein Abkommen, das in freier Vereinbarung eine *politische Union* zwischen Schleswig-Holstein und Dänemark festlegt; auch über die Nachfolge werden Abreden getroffen. Gegen Graf *Gerhard*, der die Bauern gegen den Adel aufwiegelt, findet sich die Ritterschaft im *Segeberger Konkordat* von 1470 zusammen. 1472 wird Gerhard von Christian und dem Adel aus dem Lande getrieben. Doch ist auch Christian unablässig bemüht, sein Ansehen und seine Würde zu erhöhen.

1474 erreicht er von Kaiser Friedrich III. die **Erhebung Holsteins zum Herzogtum und damit zum Reichslehen.** Ohne Erfolg bleibt sein Versuch, den Dithmarscher Bauernstaat als ein Holstein „inkorporiertes" Land zu behandeln. Wenn es ihm auch gelingt, der Opposition des Adels Herr zu werden und das Segeberger Konkordat zu sistieren, so ist doch erst nach seinem Tode durch seine Witwe Königin *Dorothea* die Schuldenfrage geordnet worden.

Empfindliche Einbuße erleidet der Einfluß der Stände bei der Wahl des Nachfolgers, als sie sich 1482 zu einem Kompromiß bereitfinden und beide Söhne, den dänischen König *Johann* und den jungen, noch unmündigen *Friedrich*, zu Landesherren wählen. Diese Konzession an das Fürstenerb-

Die Oldenburger als Herzöge von Schleswig und Holstein, mit den Nebenlinien

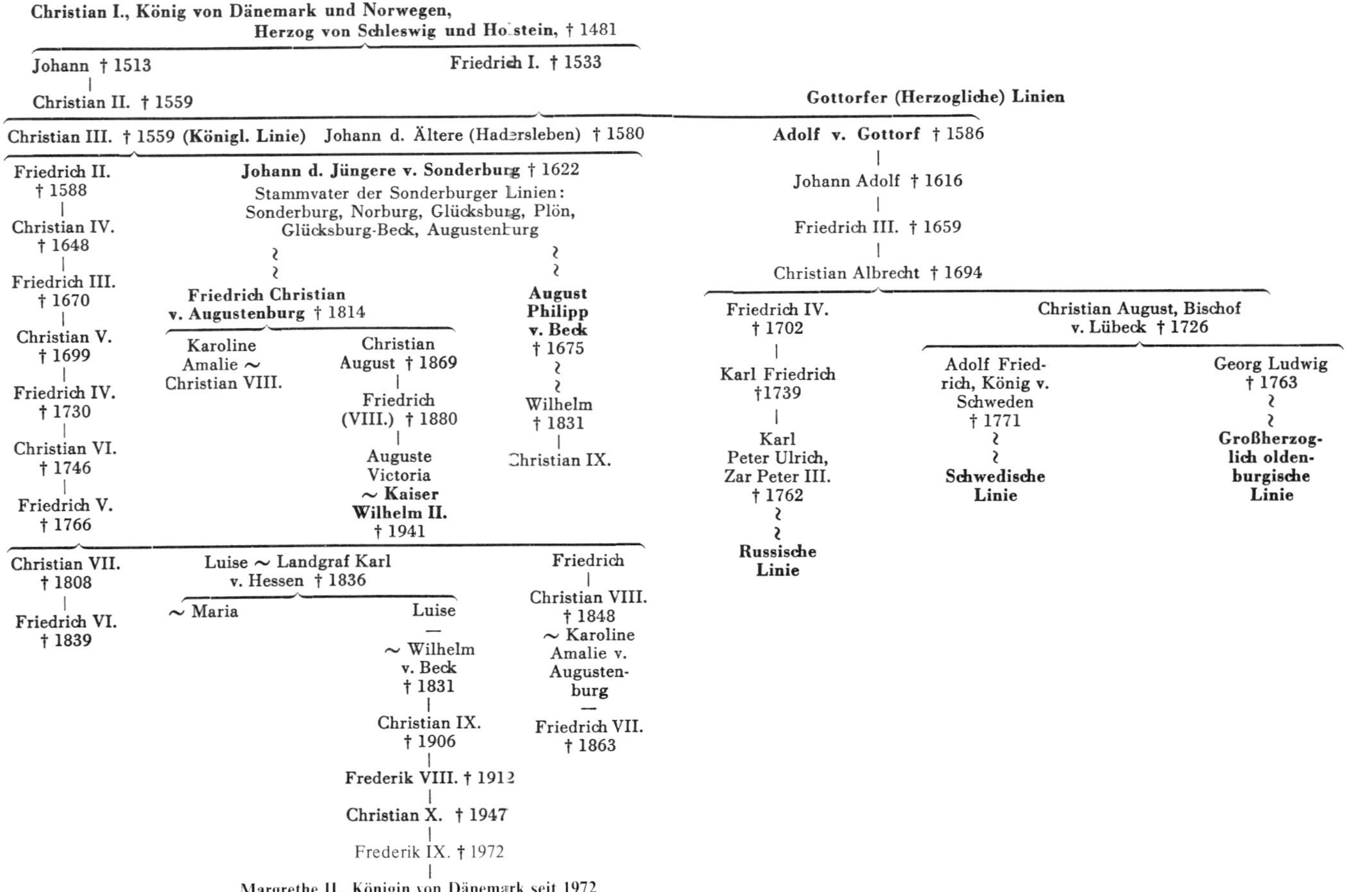

recht führt, als Friedrich, volljährig geworden, Anteil an der Regierung des Landes fordert, trotz aller Bedenken der Stände **1490 zur ersten Teilung,** einer Zweiteilung, die das ganze Land, ohne einem der beiden Fürsten ein völlig geschlossenes Verwaltungsgebiet zuzuweisen, in zumeist streifenförmige, die Anteile beider Fürsten bunt mischende Verwaltungsdistrikte zerlegt. Nach den Hauptschlössern wird der Anteil des Königs *Johann* der *Segeberger,* der des Herzogs *Friedrich* der *Gottorfer* genannt. Zum *Segeberger* (oder „Königlichen") Anteil gehören die Schlösser und Ämter Segeberg, Rendsburg, Flensburg, Apenrade, die Inseln Alsen, Arrö und Fehmarn, zum *Gottorfer* („Herzoglichen") Anteil Gottorf, Eiderstedt, Eckernförde, Stapelholm, Hadersleben und Tondern, Kiel, Plön, Neumünster, Oldenburg und Neustadt, Trittau, Steinburg und Itzehoe. Trotz der Verwaltungsteilung wird grundsätzlich die Einheit aufrechterhalten; Bischöfe, Räte und Ritterschaft sind beiden Landesherren verpflichtet, die auch die Gebiete der *adligen Grundherrschaft* gemeinsam regieren und in allen lehns- und steuerrechtlichen Fragen gemeinsam handeln. Gemeinschaftlich bleiben ferner die *Landtage,* die für den Zusammenhalt „der Lande" eine bedeutende Rolle spielen.

Dennoch bedeutet die Teilung von 1490 einen Einbruch in das 1460 geforderte und urkundlich gesicherte Privileg, wobei der Zusammenhang mit gleichartigen Vorgängen der deutschen Territorialgeschichte deutlich wird.

2. Schleswig-Holstein und die Große Politik. Die Reformation.

Trotz mancher zwischen ihnen entstandenen Spannungen handeln beide Landesherrn gemeinsam, um 1500 den *Dithmarscher Bauernstaat* zu unterwerfen. Aber ihr stattliches Heer, dessen Kern die Söldnertruppe („Schwarze Garde") des „Junker Schlenz" ist, wird von den Dithmarschern am 17. Februar 1500 bei *Hemmingstedt* vernichtend geschlagen. Zur gleichen Zeit wird König *Johann* in schwere Kämpfe mit den Schweden um die Nordische Union verstrickt; *Lübeck* tritt dabei auf die Seite der Schweden. Herzog *Friedrichs* Politik zielt darauf ab, die gesamten Herzogtümer aus den Kriegswirren herauszuhalten. 1509/10 setzt er sich mit dieser von Ritterschaft, Ständen und Landtag unterstützten Neutralitätspolitik durch. Der gleichen Richtlinie folgt er, als 1513 sein Neffe *Christian II.* in Dänemark und in den königlichen Teilen der Herzogtümer zur Regierung kommt und seinen Herrscherwillen auch gegenüber den Herzogtümern und dem Oheim durchzusetzen sucht. Seit 1520/21 beginnen neue Kämpfe Christians II. mit Schweden, in deren Verlauf die Nordische Union zerbricht und sich die von *Gustav Wasa* geführte Freiheitspartei behauptet. Herzog Friedrich verschafft im *Bordesholmer Abkommen* von 1522 mit König Christian seinem Grundsatz Geltung, daß die Herzogtümer (einschließlich der königlichen Teile) in der Auseinandersetzung zwischen Dänemark,

Schweden und Lübeck neutral bleiben sollen. Erst als sich die über Christians Gewaltherrschaft empörten dänischen Adligen gegen den König erheben und den Gottorfer Herzog um Hilfe bitten, wird die Neutralitätspolitik aufgegeben.

1523 bricht Friedrich mit einem vor seinem Feldherrn *Johann Rantzau* geführten Heer nach Norden auf, am 26. März huldigen ihm an Stelle des landesflüchtigen Königs die dänischen Stände zu Viborg, am 14. April Prälaten und Ritterschaft Schleswig-Holsteins als ihrem alleinigen Landesherrn; im August 1524 wird er in Kopenhagen zum König gekrönt. *Damit ist die Teilung beseitigt, die Herzogtümer haben wiederum wie 1460 nur einen Herrn, der zugleich König von Dänemark ist.* Der Lohn des Herrschers für die ihm seitens der Ritterschaft gewährte Hilfe ist das Große Privileg vom 6. Mai 1524, eine Bestätigung und Erweiterung der Privilegien von 1460 und ein Zeichen des engen Bundes zwischen dem Fürsten und dem Adel. Dieser erhält u.a. die volle Gerichtsbarkeit über seine grundhörigen Bauern – eine bedeutsame Rechtsgrundlage für die Ausbildung der Leibeigenschaft. Die Ritterschaft wird die stärkste Stütze des Landesherrn, der um Ausgleich der inneren Gegensätze und Versöhnung mit den äußeren Gegnern Dänemarks (Schweden, Lübeck) bemüht ist.

In vorsichtiger Zurückhaltung duldet Friedrich, an sich Anhänger eines spätmittelalterlichen Reformkatholizismus, die **Anfänge reformatorischer Bewegungen** in Dänemark und Schleswig-Holstein. Bald nach 1520 wirken die ersten lutherischen Prädikanten in holsteinischen und schleswigschen Städten, so *Hermann Tast* in Husum und Garding. Auf einem Landtag in Rendsburg 1525 werden vor allem Beschwerden über Mißstände in der Seelsorge laut. König Friedrich versucht, die nötigen Reformen ohne Zerstörung des überlieferten Kirchenwesens durchzuführen, verlangt aber von der Kirche Abstellung der Mißbräuche und erhebliche finanzielle Opfer, die besonders das Hamburger und Schleswiger Domkapitel hart treffen. Ein inneres Anliegen ist die Reformation dagegen seinem Sohn *Herzog Christian,* der in *Hadersleben* residiert und mehrere Jahre Statthalter in den Herzogtümern ist. Er beruft die evangelischen Prediger Eberhard Weidensee und Johann Wenth nach Hadersleben, wo eine evangelische Pfarrschule eingerichtet wird.

1528 wird durch einen Erlaß des Herzogs die evangelische Kirche in der ländlichen Umgebung Haderslebens geordnet; diese *nordschleswigsche Kirchenordnung* (Haderslebener Artikel) hat maßgebend auf die Ausbildung des evangelischen Kirchenwesens in Schleswig-Holstein und Dänemark gewirkt. König Friedrich duldet die Ausbreitung der neuen Lehre und die lutherische Predigt im Rahmen der alten Kirche. 1528 werden auch die meisten Klöster in Schleswig-Holstein aufgelöst; 1529 wird nach einer Disputation in Flensburg *Melchior Hofmann* wegen seiner spiritualistischen Auffassungen des Landes verwiesen. Eine umfassende Neuordnung wird indessen vertagt, da *Christian* (III.) nach dem Tode des Vaters (1533) zunächst in langwierige Kämpfe verwickelt wird. Zwischen den schleswig-holsteinischen und dänischen Räten wird 1533 ein *Unionsvertrag* abgeschlossen, in dem sich beide Teile Frieden und Freundschaft und gegenseitige Hilfe in Kriegsfällen zusichern. Der Vertrag bedeutet den Höhepunkt in der Verselbständigung der von der Ritterschaft getragenen Politik des Landes und ist die Voraussetzung für das Zusammenwirken zwischen dänischem und schleswig-holsteinischem Adel in den Kämpfen der *„Grafenfehde“* (1533–1536) gegen den Versuch *Lübecks (Jürgen Wullenwever)*, die Machtstellung der Hanse unter Ausnutzung von revolutionären Bewegungen der niederen Stände in Dänemark zu erneuern. *Johann Rantzau* erringt 1535 auf seinem Feldzug nach Dänemark die entscheidenden Siege, das demokratische Regiment Wullenwevers in Lübeck wird gestürzt, und Christian III., schon 1534 zum König gewählt, kann in das von ihm bezwungene Kopenhagen einziehen. 1536 setzt der König durch einen (nachträglich von den dänischen Ständen gebilligten) Staatsstreich (Verhaftung der Bischöfe) seinen Willen zur Reform der Kirche durch.

Im Jahre **1537 wird die unter Mitwirkung Johann Bugenhagens entworfene Kirchenordnung (Ordinatio ecclesiastica) für Dänemark, Norwegen und die Herzogtümer erlassen.**

In Schleswig-Holstein sind noch mannigfache Widerstände zu überwinden, bis sich das neue Kirchenwesen festigt. Erst 1541 werden die Klöster endgültig aufgelöst, mit Ausnahme der Frauenklöster Preetz, Itzehoe, Uetersen und Schleswig, die fortan dem Adel zur Versorgung unverheirateter Töchter zur Verfügung stehen. Im gleichen Jahre werden das Schleswiger Domkapitel und die Bischofswahl neu geordnet; erster protestantischer Bischof von Schleswig wird der Theologieprofessor *Tilmann von Hussen.*

Am **9. März 1542 wird von Räten, Prälaten, Ritterschaft und Städten die evangelische Kirchenordnung für die Herzogtümer einmütig gebilligt.**

In Anlehnung an die Ordinatio von 1537, wiederum unter Mitarbeit Bugenhagens verfaßt, ist sie eines der letzten großen Denkmäler der mittelniederdeutschen Sprache in Schleswig-Holstein. Doch ist, bei Ordnung der Kirchensprache, Luthers Grundsatz der Predigt des Evangeliums in der Muttersprache nicht völlig durchgeführt worden. Auf dem Lande in Nordschleswig wird überall dänisch gepredigt, in den Städten Nordschleswigs ist die Kirchensprache deutsch (daneben gibt es auch dänischen Gottesdienst). In Mittel- und Südschleswig ist die Kirchensprache in den Städten zunächst niederdeutsch, später hochdeutsch, auch in den mittelschleswigschen Gebieten bis zur Schlei, in denen noch eine dänische Mundart gesprochen wird. Da die Kirchensprache für die Schulsprache maßgebend wird, sind diese Verhältnisse von größter Bedeutung geworden.

3. Fürsten und Stände

Im 16. Jahrhundert setzt sich das zähe Ringen zwischen Fürsten und Ständen fort. Einen Sieg des fürstlichen Erbrechts über das Wahlrecht der Stände bedeutet es, daß *Christian III.* **1544** gegen den Widerspruch der Stände erneut eine **Teilung** des Landes durchführt, diesmal eine *Dreiteilung* zwischen dem König und seinen Stiefbrüdern *Johann (dem Älteren)* und *Adolf.* Der jüngste Bruder Adolf wählt den *„Gottorfer Anteil“:* Apenrade, den südlichen Teil Schleswigs, Kiel, Neumünster, Cismar, Oldenburg, Neustadt,

Abb. 4: Herzog Adolf von Schleswig-Holstein-Gottorf 1544–1586. Zeitgen. Kupferstich v. unbekannter Hand. (Königliche Bibliothek Kopenhagen)

Trittau, Reinbek. Der *„Haderslebener Anteil“* fällt an Johann: Hadersleben, Tondern, Lügumkloster, Nordstrand, Föhrer Osterharde, Sylt, Fehmarn, Rendsburg, Bordesholm und kleinere Teile Holsteins. Der König behält den *„Sonderburger (Königlichen) Anteil“:* Alsen und Arrö, Nordangeln, die Ämter Flensburg und Bredstedt, Gebietsteile in Holstein (Segeberg, Oldesloe, Plön, Steinburg, Reinfeld, Ahrensbök). Um die Einheit des Landes trotz der Teilung zu wahren, werden gründlicher als 1490 Bestimmungen über die *gemeinschaftlichen Angelegenheiten* getroffen. Gemeinschaftlich regiert werden u.a. die Gebiete von Prälaten und Ritterschaft; gemeinsam bleiben die Städte in landständischen Angelegenheiten, Landgericht und Landtag, Landesverteidigung, Kirchenordnung und die Gesetzgebung in allen wichtigen Fragen.

Trotz aller dieser Sicherungen geht die weitere Entwicklung über sie hinweg. Freilich kommt es bei dem **Feldzug gegen Dithmarschen 1559** noch einmal zu einem gemeinsamen Unternehmen der drei Fürsten *(König Friedrich II., Herzog Adolf von Gottorf* und *Herzog Hans der Ältere).* In Dithmarschen hat sich die Reformation nicht ohne Kampf durchsetzen können. Der Prediger *Heinrich Möller* aus *Zütphen* erleidet 1524 den Märtyrertod. 1532 wird durch Beschluß der Landesgemeinde der evangelische Glaube eingeführt, 1538 die Blutrache abgeschafft. Mit den Geschlechterverbänden löst sich die Landesverfassung auf. In der *„letzten Fehde“* von 1559 unterliegt dann die Bauernrepublik der Feldherrnkunst *Johann Rantzaus.* Das unterworfene Dithmarschen wird unter die drei Fürsten aufgeteilt, die Landesbehörden werden aufgelöst, jedoch den Dithmarschern das Recht auf eigene Beamte, Freiheit von Einquartierung, Zoll- und Gewerbefreiheit zugesagt. Auch in der Selbstverwaltung können sich die älteren Überlieferungen halten. Das *Landrecht von 1567* baut trotz römischrechtlicher Einflüsse überwiegend auf deutschem Rechtsgut auf.

Dem fürstlichen Familienerbrecht folgt König Friedrich II., als er 1564 seinem Bruder *Johann (dem Jüngeren)* ein Drittel seines Anteils an Schlössern, Ämtern und Städten abtritt, eine *„Subdivision“,* durch die Johann d.J. Sonderburg, Norburg, Arrö, Plön und Ahrensbök erhält. Ritterschaft und Landtag verweigern jedoch dem Sonderburger Herzog die Huldigung; er ist nur *„abgeteilter Herr“* und an der gemeinschaftlichen Regierung nicht beteiligt. Doch empfängt er wie die anderen Teilfürsten 1580 in Odense die Belehnung „zur gesamten Hand“ für Schleswig, 1590 von Kaiser Rudolf II. auch für Holstein. In seinem *Sonderburger Herzogtum* nimmt Herzog Hans d.J. rücksichtslos die Rechte eines regierenden Herrn in Anspruch und schafft sich durch Aufkauf adliger Güter und Niederlegung ganzer Bauerndörfer einen geschlossenen fürstlichen Gutsbezirk. Nach dem Tode Johanns des Älteren, der von Hadersleben aus als wohlmeinender Landesvater seinen Anteil mustergültig verwaltet hat, tritt 1581 durch die *Aufteilung des „Haderslebener Anteils“* eine gewisse Vereinfachung ein. König Friedrich II. erhält aus dem aufgelösten Haderslebener Herzogtum vor allem Hadersleben und Rendsburg; der Gottorfer Herzog die Ämter Tondern, Lügumkloster und Bordesholm, außerdem Nordstrand, Föhrer Osterharde, Sylt, Fehmarn und die nördliche Hälfte des vorher Johann gehörenden Drittels von Dithmarschen. *Seitdem gibt es nur zwei „regierende Herren“.* Verwickelter gestalten sich dagegen die Verhältnisse im Bereich des Sonderburger Herzogtums. Herzog Hans d. J. gewinnt durch den Vergleich von 1581 Reinfeld in Holstein, den Sundewitt und den Besitz des Ruhe-(Ryde-) Klosters dazu – hier erbaut er sich sein Schloß Glücksburg. Nach seinem Tode 1622 wird sein an sich schon zersplittertes Gebiet auf seine fünf Söhne verteilt, so daß in Sonderburg, Norburg, Arrö (diese Insel wird 1624 auf die 4 anderen Linien verteilt), Glücksburg und Plön kleine Herzogtümer entstehen.

Obwohl in der Teilungspolitik der Wille der Fürsten sich dem der Stände überlegen zeigt, ist ihr Einfluß noch am Ende des 16. Jahrhunderts von Gewicht.

Die landesherrliche *Behördenorganisation* bildet sich erst allmählich aus. Seit 1544 sind zwei Zentralverwaltungen im Entstehen: für die herzoglichen Besitzungen in Gottorf, für die königlichen in Kopenhagen *(„Deutsche Kanzlei“).* In den landesherrlichen *Ämtern* herrschen die Fürsten im allgemeinen ohne Einmischung der Stände, doch erhalten sich in Kirchspielen, Harden, Städten und Gemeinden noch beachtliche Reste bäuerlicher und bürgerlicher Selbstverwaltung. Organe und Rechte der Selbstverwaltung finden sich vor allem in den von den Ämtern zu unterscheidenden *„Landschaften“* (Eiderstedt, Nordstrand, Sylt, Stapelholm, Dithmarschen, Fehmarn). Eine wichtige Funktion behält noch im 16. Jahrhundert der *Landtag:* an sich die Vertretung von Prälaten, Ritterschaft und Städten, wird er immer mehr zu einer gemeinsamen Vertretung der *Ritterschaft.* Sie ist weiterhin eine politisch-soziale Macht ersten Ranges, beherrscht den Landtag, besetzt die wichtigsten Beamtenstellen, genießt Freiheit von Steuern und Zöllen und baut sich in den „gemeinsam regierten“ Teilen des Landes ihr eigenes Reich auf. Das *Privileg von 1524* gibt dem Adel auch urkundlich das Recht der Gerichtsbarkeit über die bäuerlichen Hintersassen; auch in Schleswig ist er ganz aus der Volksgerichtsbarkeit gelöst. Durch die Institution des 1573 geschaffenen *Landgerichtes* wird der Adel zu einem besonderen Gerichtsstand. Die *Bauern* außerhalb der Ämter sind dem staatlichen Rechtsschutz entzogen. Mit der *Umwandlung der Grundherrschaft in Gutsherrschaft* hängen die weitere Verschlechterung der sozialen Lage der Bauern in den Adelsdistrikten und die Entstehung der *Leibeigenschaft* zusammen. Das Privileg von 1524 legitimiert die Ausweitung des adligen Hoffeldes auf Kosten der bäuerlichen Feldmark und gewährt Zollfreiheit für die Produkte des adligen Gutes. Gefördert durch den Mehrbedarf des europäischen Westens an landwirtschaftlichen Erzeugnissen

Die Klosterbezirke sind nicht besonders gekennzeichnet.

und durch die steigenden Preise wächst die für den Export arbeitende, auf den Gesindezwangsdienst unfreier Bauern angewiesene adlige Gutswirtschaft und mit ihr der Reichtum des Adels. Der Flucht der Leibeigenen sucht der Adel durch Verbote entgegenzuwirken, 1614 wird die *Auslieferungspflicht* der Städte anerkannt. Außerhalb der adligen Gutsdistrikte bleibt Schleswig-Holstein im allgemeinen freies Bauernland. Doch sind auch hier die Verhältnisse vielgestaltig. Außer den *freien Eigentümern* (Bonden, Hufnern) gibt es *Kätner* (Inhaber kleiner Landstellen ohne Anteil an der Feldgemeinschaft), *Festebauern* (Pachtbauern im Herzogtum Schleswig) und *Insten* (auf das Altenteil gesetzte Hufner, Tagelöhner, verheiratete Knechte).

VI. Schleswig-Holstein im Zeitalter innerer und äußerer Kämpfe

1. Verwicklung in europäische Konflikte

In der Folgezeit macht sich in den Teilgebieten Schleswig-Holsteins immer mehr die Tendenz zur Ausbildung eigener Territorien bemerkbar, die Macht der Stände zerfällt, und zwischen den beiden regierenden Fürsten – dem König von Dänemark und dem Herzog von Gottorf – entstehen wachsende Spannungen. Da diese Gegensätze sich mit europäischen Machtkämpfen verquikken, bringen sie über die Herzogtümer Verwirrung und Kriegsnöte.

Die *Gottorfer Herzöge* (Adolf 1544–1586, Johann Adolf 1590–1616, Friedrich III. 1616–1659), tatkräftige und unternehmungslustige Fürsten, bemühen sich um Stärkung ihrer Macht und treiben dabei eine Politik, die der Kleinheit des Staatsgebietes und seinen finanziellen Mitteln widerspricht. Sie streben nach Selbständigkeit, nicht nur gegenüber den königlichen Mitregenten, sondern auch gegenüber den Ständen. Herzog Johann Adolf setzt 1608 die Erbfolge nach dem Recht der Erstgeburt *(„Primogenitur")* ohne Befragen der Stände fest. Herzog *Friedrich III.* nimmt ohne weiteres die Erbhuldigung für sich in Anspruch. Der Streit mit Landtag und Ritterschaft endet damit, daß das *fürstliche Erbrecht* auch in der Theorie das Prinzip des Wahlrechts verdrängt.

Im **Dreißigjährigen Krieg** benutzt König *Christian IV.* seine Stellung in den Herzogtümern zu weitgreifender Expansionspolitik, beansprucht die Oberhoheit über Hamburg, gründet 1616 *Glückstadt*, um die Elbe zu beherrschen, und sucht sich in norddeutschen protestantischen Stiftern (Bremen, Verden, Osnabrück, Halberstadt) festzusetzen. Als Herzog von Holstein zum Obersten des Niedersächsischen Reichskreises gewählt, entschließt er sich 1625, im Widerspruch zu den Neutralitätswünschen des Gottorfer Herzogs Friedrich III., aktiv in den Krieg einzugreifen. Nach der *Niederlage Christians (Lutter am Barenberge, 1626)* rücken die kaiserlich-ligistischen Truppen *(Tilly* und *Wallenstein)* in die Herzogtümer vor. 1627–1629 sind Schleswig-Holstein und Jütland durch Wallensteins Söldner besetzt. Die Politik des Königs trennt sich völlig von der des Herzogs, da Friedrich III. an der *Neutralität* festhält, sich auch in die *Lübecker Friedensverhandlungen (1629)* einmischt, um seinen eigenen Vorteil zu wahren.

Nach dem Aussterben des Schauenburger Grafengeschlechtes wird 1640 ihre *Grafschaft Pinneberg* im südlichen Holstein unter den beiden schleswig-holsteinischen Fürsten aufgeteilt. Friedrich III. wird mit einem geringeren Teil *(Amt Barmstedt)* abgefunden, während Christian IV. in *Altona* einen Stützpunkt für seine gegen Hamburg und auf Kontrolle der Elbmündungen gerichteten Bestrebungen findet (1643 Blockade und Belagerung Hamburgs).

Bestimmend für die weiteren Geschehnisse ist der unüberbrückbare Gegensatz zwischen Dänemark-Norwegen und Schweden, in den auch Schleswig-Holstein hineingezogen wird.

1643 fällt der schwedische General *Torstenson* auf seinem Kriegszug gegen Dänemark in die Herzogtümer ein. Herzog Friedrich schließt in seiner Zwangslage, aber in offenkundiger Verletzung seines 1623 mit Christian IV. vereinbarten Unionsvertrages, ein *Neutralitätsabkommen mit den Schweden.* Der *Friedensvertrag von Brömsebro* (1645) kostet Christian IV. schwere Opfer. Seitdem ist die Verbindung zwischen den beiden Landesherren nie wieder völlig hergestellt worden.

In ihrer Auseinandersetzung mit den dänischen Königen suchen die Gottorfer engen Rückhalt an Schweden.

1657, in dem **Krieg König Friedrichs III. von Dänemark gegen Karl X. Gustav von Schweden,** schließt Herzog Friedrich ein *Geheimbündnis mit dem Schwedenkönig,* das ihm bei einem schwedischen Sieg bedeutende Gewinne sichert. Nach dem für Dänemark demütigenden *Frieden von Roskilde (1658),* in dem die gesamten Schonenschen Provinzen an Schweden abgetreten werden, erntet der Herzog die Früchte seiner Verbindung mit Dänemarks Feinden. Im **Kopenhagener Vertrag (2. Mai 1658)** tritt ihm der königliche Mitregent das lang umstrittene Amt Schwabstedt ab und **anerkennt das Recht der Souveränität für die herzoglichen Gebiete Schleswigs:** die dänische Lehnshoheit über die gottorfischen Besitzungen im Herzogtum ist damit aufgehoben; König Friedrich III. von Dänemark hebt darauf auch für den königlichen Anteil die Lehnshoheit auf und überträgt sich selbst die Souveränität.

In weitere kriegerische Wirren werden die Herzogtümer durch den neuerlichen **Überfall Karls X. Gustav auf Dänemark** hineingezogen (1658). Der größte Teil des Landes wird von den Dänemark zu Hilfe eilenden kaiserlichen, brandenburgischen und polnischen Truppen besetzt; das wirtschaftliche Leben und die Bevölkerung werden durch Kontributionen und Plünderungen empfindlich getroffen. Trotz dänischer militärischer Erfolge bedeutet der **Friede von Kopenhagen** *(1660)* im wesentlichen Bestätigung des Roskilder Vertrages. Die Souveränität des Gottorfer Herzogs, für die sich deutsche Fürsten und, außer Schweden, auch die vermittelnden Mächte England, Frankreich und die Niederlande einsetzen, wird erneut bestätigt.

Seitdem bewertet Schweden den Schutz des Gottorfer Kleinstaates wegen seiner politischen und strategischen Bedeutung als Landbrücke zu den schwedischen Besitzungen an Elbe und Weser als wichtigsten Bestandteil der gegen Dänemark gerichteten Politik, während die dänischen Könige sich bemühen, diese Gefahr in ihrem Rücken zu beseitigen.

Herzog *Christian Albrecht* (seit 1659) erneuert die Verbindung Gottorfs mit Schweden. Zwar kommt 1667 noch einmal ein Ausgleich mit dem königlichen Mitregenten, König Friedrich III. von Dänemark, zustande *(Glückstadter Rezeß)*. Er ist aber nicht von Dauer, da der Machtzuwachs des Königs von dem Gottorfer mit Sorge beobachtet wird. 1668 zieht der König das verschuldete *Herzogtum Sonderburg* ein und nimmt Treueid und Erbhuldigung für sich und seine Nachfolger entgegen.

1673 entscheidet der Reichshofrat, nach dem Tod des letzten Grafen von Oldenburg und Delmenhorst, die *Erbfolge* zugunsten des Herzogs von Plön. Da dieser in einem Geheimvertrag auf seine Rechte zugunsten des dänischen Königs verzichtet hat, übernimmt Christian V. die Grafschaften, ohne die gottorfischen Ansprüche zu beachten.

Im Jahre **1675 tritt dann Schweden in den Krieg gegen das mit Dänemark verbündete Brandenburg ein.** Unter dem Eindruck des Sieges seines brandenburgischen Bundesgenossen über die Schweden bei Fehrbellin (18. Juni) bricht König *Christian V. von Dänemark* die eben in Rendsburg begonnenen Verhandlungen mit Christian Albrecht ab und zwingt ihn zu Entwaffnung und Unterwerfung. Die *herzoglichen Räte müssen* im **Rendsburger Rezeß (10. Juli 1675)** *auf alle Errungenschaften der gottorfischen Politik, auch auf die Souveränität, verzichten.* Am 1. Dezember 1676 beschlagnahmt Christian V. den Schleswiger Besitz des ohnmächtigen und landflüchtigen Herzogs, der ihm *erst nach den Friedensschlüssen von Fontainebleau und Lund 1679* zurückgegeben wird.

Der dänische König hält zäh an seinem Leitgedanken fest, Schweden die verlorenen Sundprovinzen wieder abzunehmen, Gottorf die Souveränität zu entreißen oder es ganz aus Schleswig zu vertreiben. Seit 1682, seit dem Abschluß seines Bündnisses mit Frankreich, sucht Christian V. in Nachahmung französischer politischer Methoden, vor allem der Reunionspolitik Ludwigs XIV., gegen Gottorf zum Ziel zu kommen. Da Christian Albrecht nicht bereit ist, sich ultimativen Forderungen des Königs zu beugen, zieht Christian V. durch das **Okkupationspatent vom 30. Mai 1684** *den herzoglichen Anteil von Schleswig ein und vereinigt ihn mit dem königlichen Gebiet.* 1688/89 bildet sich unter Führung Wilhelms III. von Oranien die große Koalition gegen Frankreich. Mit Rücksicht auf die für Dänemark und seinen französischen Verbündeten ungünstigen Konjunkturen, nach Vermittlung des Kaisers, Kursachsens und Brandenburgs kommt **am 20. Juni 1689 der Altonaer Vergleich** zwischen König und Herzog zustande: **der Gottorfer wird „restituiert“,** *hinsichtlich seiner Lande, seiner Souveränität, seines Kontributions- und Bündnisrechtes. Die „gemeinsame Regierung“ und die Unionsverträge sollen weiter gültig sein. Die „Gottorfer Frage“ ist jedoch weiterhin in die Wechselfälle der nordeuropäischen und gesamteuropäischen Politik verflochten.*

2. Innere Verhältnisse, Niedergang der Ständemacht

Im 17. Jahrhundert wird Schloß Gottorf zum Mittelpunkt allgemein europäischer und deutsch bestimmter Kulturbestrebungen. Herzog *Friedrich III.* zeigt besonders lebhaftes Interesse für die Naturwissenschaften, fördert Kunst und Kunsthandwerk und die Musik. In seiner Religionspolitik zeigt er sich als Anhänger der *Toleranzidee,* für die er in dem von ihm 1621 gegründeten *Friedrichstadt* eine Heimstätte errichtet: Durch ein kaiserliches Privileg erhält er das Recht, eine Universität zu gründen (1652); *doch hat erst sein Nachfolger Christian Albrecht 1665 den Plan einer gottorfischen Landesuniversität in Kiel verwirklicht.* Bemerkenswert sind der Aufschwung der *Geschichtsschreibung* und Landeskunde im 17. Jahrhundert (Caspar Danckwerth: „Newe Landesbeschreibung", 1652), ebenso die Pflege von Kunst und Bildung durch das städtische Bürgertum. König und Herzog unterstützen nach den Grundsätzen des Merkantilismus Wirtschaft, Handel und Seefahrt. Herzog Friedrich III. pflegt *Handelsverbindungen* nach Spanien, Frankreich und dem Mittelmeer und bemüht sich um das (zum Scheitern verurteilte) Projekt, über Rußland mit Persien Handel zu treiben. Noch vor der Jahrhundertmitte beginnt ein *Niedergang des wirtschaftlichen Lebens,* der mannigfache Ursachen hat. Die große Sturmflut von 1634, die das alte Nordstrand zerstört, wirkt schädigend auf das ganze Land; am tiefsten schneiden die Kriegsereignisse ein.

Seit 1640 wächst die Verschuldung des Bauern. Im Bereich der adligen Gutswirtschaft dehnt sich die Leibeigenschaft weiter aus, doch zeigen sich im Agrarwesen auch die Anfänge in die Zukunft weisender *Reformen.* Auf den landesherrlichen Gütern werden bis etwa 1632 die Frohnden und La-

Abb. 5: Grundriß der Stadt Schleswig und Gottorfs 1655. (S.-H. Landesbibliothek, Landesgeschichtl. Sammlung)

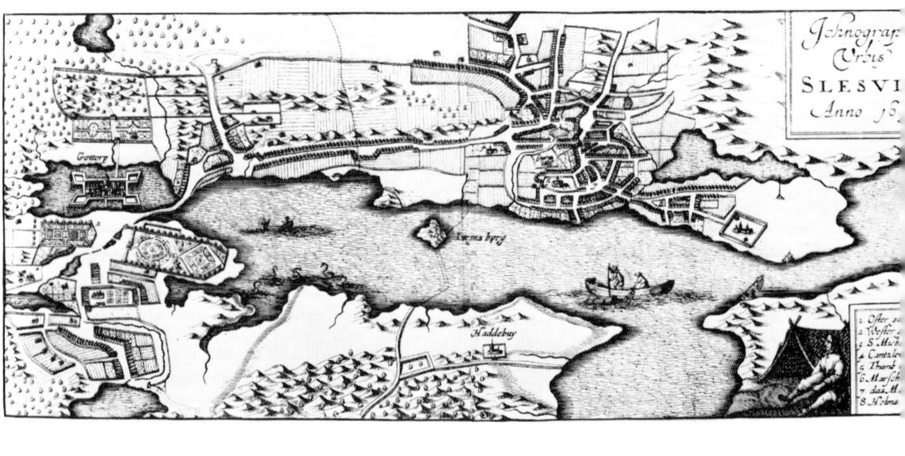

sten durch Geldabgaben abgelöst. In Teilen Schleswigs, besonders Nordschleswigs, beginnen einzelne Bauernschaften aus eigener Initiative, zunächst gegen die Verbote der Behörden, mit der *Auflösung der Feldgemeinschaft:* Herauslösung der Hoffelder aus der Feldgemeinschaft *(„Verkoppelung")*, Einhegung der Felder durch Wallhecken *(„Knicks")*. In einigen Gegenden des nördlichen Herzogtums läßt sich dieser Vorgang bis ins 16. Jahrhundert zurückverfolgen.

Die Stellung des *Adels* wird durch erhöhte Lasten, durch Erbteilungen der Güter und den Aufwand für ein standesgemäßes Leben nachteilig beeinflußt. Seine Einwirkung auf die Geschicke des Landes ist in unaufhaltsamem Niedergang: **die Tendenzen des absolutistischen Zeitalters schreiten über Landtag, Ritterschaft und Privilegien hinweg.** Die Landesherren beschneiden und mißachten das Steuerbewilligungsrecht der Stände, sie beanspruchen das unbeschränkte Recht der Gesetzgebung für sich. Der seit 1675 zwischen ihnen ausbrechende Streit lähmt den Landtag, der nur durch gemeinsamen Beschluß beider regierender Herren berufen werden kann. *1675 tritt der letzte ordentliche Landtag zusammen:* an der Tagung von 1711/12 nehmen die Städte nicht mehr teil. Über das „Indigenatsrecht" setzen sich die Fürsten oft hinweg. Sie bauen ihre *Zentralverwaltung* aus, in die immer mehr bürgerliche Juristen aufgenommen werden. In den Gottorfer Zentralbehörden, deren wichtigste Geheimer Rat, Kanzleikollegium und Kammer sind, ist der einheimische Adel noch durch die „Landräte" vertreten. Als Zwischeninstanz der königlichen Verwaltung, deren Zentrale die „Deutsche Kanzlei" in Kopenhagen bleibt, richtet König Friedrich III. 1648 die „Regierungskanzlei", zuerst in Flensburg, dann in Glückstadt, ein. Einzelne Behörden (für Militär-, Finanz- und Wirtschaftsfragen) sind den königlichen Teilen und Dänemark gemeinsam: Admiralitätskolleg, Kriegskollegium und Rentekammer (später auch die Generalzollkammer). Obwohl die Gemeinschaft der Herzogtümer geschwächt ist, wird das Herzogtum Schleswig auch nach der Einführung des Absolutismus in Dänemark *(Lex Regia 1665)* nicht mit dem Königreich verschmolzen. So wird auch das Dänische Recht von 1683 *(Danske Lov)* nicht im Herzogtum Schleswig eingeführt, für das nach wie vor das *Jütische Recht* von 1241 gültig ist.

3. Letzte Kämpfe zwischen Gottorf und Dänemark

Um die Errungenschaften des Altonaer Rezesses von 1689 aufrechtzuerhalten, klammert sich der Gottorfer Staat weiterhin an Dänemarks „Erbfeind" Schweden, je mehr die dänische Politik darauf abzielt, den Gottorfer Herzog zu verdrängen und seine Gebiete in Schleswig und womöglich auch in Holstein zu erwerben. Der Abstieg der schwedischen Großmacht entscheidet schließlich über das Schicksal des Gottorfer Herzogtums.

Der junge *Herzog Friedrich IV.* (1694–1702), Schwager König Karls XII. von Schweden und später auch Oberbefehlshaber der schwedischen Armee in Deutschland, beharrt starr auf seinem Recht, Truppen in den Herzogtümern anzuwerben und Festungen anzulegen. Über das *„jus armorum“* des Herzogs entsteht mit dem dänischen König ein fünfjähriger Streit (1695–1700), währenddessen *König Christian V.* 1697 mitten im Frieden gottorfische Befestigungsanlagen zerstört. **Der unheilbare dänisch-gottorfische Konflikt überträgt sich wieder auf europäische Koalitionen.** 1698 verbünden sich Schweden und Lüneburg zum Schutz Gottorfs und seiner Rechte. Zu größerem Erfolg führt jedoch die dänische Allianzpolitik. 1699 schließt Dänemark ein Bündnis mit Sachsen-Polen (König August II.) und Rußland (Zar Peter d. Gr.) gegen Schweden und Gottorf, die „Domäne“ Schwedens in den Herzogtümern. *Die Gottorfer Streitfrage löst den Nord- und Osteuropa umgestaltenden* **Nordischen Krieg** aus.

Im März 1700 stoßen die dänischen Truppen in die herzoglichen Lande vor, brechen aber am 1. Juni die Belagerung der Festung Tönning ergebnislos ab. Unter dem Druck der Seemächte und nach der Landung schwedischer Truppen auf Seeland entschließt sich Dänemark zum **Frieden von Traventhal** (18. August 1700). *Der Herzog wird in allen seinen Rechten bestätigt; die Gemeinsame Regierung soll fortbestehen.* Der Nordische Krieg spielt sich dann weiter in den baltischen Ländern, in Polen, Sachsen und in dem fernen Rußland ab. Herzog Friedrich IV. fällt 1702 während des polnischen Feldzuges Karls XII. in der Reiterschlacht von Klissow an der Weichsel; für den minderjährigen Sohn übernimmt eine *vormundschaftliche Regierung* die Verwaltung des gottorfischen Anteils an Schleswig-Holstein. Das Kriegsgeschehen berührt die Herzogtümer erst wieder 1713, als ein schwedisches Heer unter General *Stenbock* nach seinem Sieg über die Dänen (bei Gadebusch) *Altona* zerstört und bis über die Eider vorrückt. In bedenklichem Doppelspiel gelobt der Leiter der gottorfischen Politik *Georg Heinrich von Görtz* Dänemark Neutralität, überläßt aber gleichzeitig die gottorfische Hauptfestung *Tönning* den Schweden. Dänische Truppen, denen Peter d. Gr. mit einer russisch-sächsischen Armee zu Hilfe eilt, besetzen *Schloß Gottorf, Eckernförde und Kiel* und unterwerfen die gottorfischen Ämter der Oberhoheit des dänischen Königs *Friedrichs IV.* Dieser nimmt mit dem **Okkupationspatent vom 13. März 1713 alle gottorfischen Landesteile, auch in Holstein, in Besitz; nur im herzoglichen Holstein wird das Haus Gottorf restituiert, seine Schleswiger Gebiete sind endgültig verloren.** Der Zusammenbruch der schwedischen Großmachtstellung wird in dem *Stockholmer-Frederiksborger Friedensvertrag* (3. Juni, 3. Juli 1720) besiegelt; Schweden verzichtet in ihm auf jede Einmischung in die Angelegenheiten des Herzogtums Schleswig und auf jede Unterstützung Gottorfs.

Städte und Untertanen des bisher von Gottorf verwalteten Schleswiger Gebietes huldigen ihrem neuen Herrn, Friedrich IV. von Dänemark.

Prälaten, Ritter und Besitzer adliger Güter leisten am 4. September 1721 einen Erbhuldigungseid, dessen Bedeutung Anlaß lebhafter wissenschaftlicher Kontroversen geworden ist. Wenn es auch der Wille des Königs gewesen ist, Schleswig dem dänischen Königsgesetz zu unterwerfen und es der Krone, der Gesamtheit seiner Besitzungen, einzuverleiben, was tatsächlich geschieht, ist lediglich die Vereinigung des bisherigen gottorfischen Teiles und des gemeinsam regierten Gebietes im Herzogtum Schleswig mit den königlichen Anteilen. Dies wird von König Christian VI. (1730–1746) bei seinem Regierungsantritt ausdrücklich bestätigt. Verwaltungsmäßig wird das Herzogtum nicht mit dem Königreich verschmolzen.

Schon 1713 wird in Gottorf ein „*Obergericht*" als Justiz- und Verwaltungsbehörde für das Herzogtum Schleswig errichtet, während die *Glückstadter Kanzlei* ihren Aufgabenbereich künftig auf die königlichen Teile des Herzogtums Holstein beschränkt.

VII. Das gesamtstaatliche Jahrhundert

1. Vereinigung Schleswig-Holsteins im Gefüge des dänisch-norwegischen Gesamtstaates

Auch nach dem Nordischen Krieg bleibt die **Gottorfer Frage** für ein halbes Jahrhundert die Ursache dauernder Unruhe in Nordeuropa. Der Gottorfer Staat, nunmehr nur noch aus den zersplitterten holsteinischen Gebietsteilen bestehend, zerrüttet durch Mißwirtschaft und Korruption, zeigt sich unfähig, sich aus eigener Kraft Dänemark entgegenzustellen. Herzog *Karl Friedrich,* der seit 1725 mit Anna Petrowna, einer Tochter Peter d. Gr. vermählt ist und von 1727–1739 in Kiel residiert, ist unversöhnlicher Gegner Dänemarks und nicht bereit, den Verlust der Gottorfer Besitzungen in Schleswig hinzunehmen. Auch sein Sohn *Karl Peter Ulrich,* seit 1742 zum Thronfolger in Rußland bestimmt, beharrt streng auf seinem Gottorfer Rechtsstandpunkt. Dänemark sucht der von Schweden und nunmehr auch von Rußland drohenden außenpolitischen Gefahr durch eine umfassende Sicherungs- und Bündnispolitik zu begegnen, in die vor allem durch den Minister *Johann Hartwig Ernst Bernstorff* (seit 1751) ein großer Zug kommt. Wie er, wünscht auch der Holsteiner *Caspar von Saldern,* der am Petersburger Hof zu Macht und Einfluß gelangt ist, die friedliche Bereinigung der Streitfragen. Dennoch steht, nachdem 1762 Karl Peter Ulrich als Zar *Peter III.* den russischen Thron bestiegen hat, der Ausbruch des Krieges zwischen Rußland und Dänemark unmittelbar bevor. Nach der Ermordung des Zaren beendet jedoch seine Gemahlin, Kaiserin *Katharina II.,* die Krise und gibt die „Revanchepolitik" preis. Ein Freundschafts- und Bündnisvertrag zwischen Rußland und Dänemark (1765) bahnt dem zwischen Bernstorff und Saldern vereinbarten provisorischen *„Tauschvertrag"* (22. April 1767) den Weg; nach der Mündigkeitserklärung des Großfürsten Paul tritt er endgültig in Kraft **(Vertrag von Sarskoje Selo, 1. Juni 1773).** Großfürst Paul verzichtet zugunsten Dänemarks auf seine holsteinischen Gebiete, die gleich den bisher gemeinsam regierten mit den königlichen Teilen Holsteins vereinigt werden. Dafür überläßt Dänemark der jüngeren, im Fürstbistum *Lübeck* (Eutin) regierenden Gottorfer Linie die Grafschaften *Oldenburg* und *Delmenhorst,* die 1777 zum Herzogtum erhoben werden. Eine den Frieden Nordeuropas ständig bedrohende Frage ist damit gelöst, die Teilungen sind zum größten Teil beseitigt, beide Herzogtümer unter demselben Herrscher, dem dänischen König, vereinigt.

Schon vorher erwerben die dänischen Könige andere, vor allem durch Erbteilung abgesplitterte Teilgebiete: 1722 das Herzogtum *Norburg* auf Alsen, 1726 die (1650 aus dem Amt Barmstedt entstandene) *Reichsgrafschaft Rantzau.* Ein Erbvertrag bringt 1761 den König von Dänemark in den Besitz des Herzogtums *Plön.* Nach dem Aussterben des Mannesstammes der *Glücksburger* Herzöge fallen 1779 ihre Besitzungen auf der Halbinsel *Sundewitt* und im nördlichen *Angeln* ebenfalls an den dänischen König.

2. Innere Reformen

Die bedeutendsten Staatsmänner dieser Periode, *J. H. E. Bernstorff* (1751–1770 Leiter der dänischen Außenpolitik) und sein Neffe *Andreas Peter Bernstorff* (1773–1780 und 1784–1797 Außenminister und Leiter der Deutschen Kanzlei) bemühen sich, den dänischen Gesamtstaat von Island und dem Nordkap bis zur Elbe zu festigen, wollen aber Einheit des Ganzen und Freiheit der Teile miteinander verbinden, indem sie jede gewaltsame Zentralisierung vermeiden. A. P. Bernstorff schützt das Sonderleben der „deutschen Provinzen", soweit es mit dem Bestand der Gesamtheit vereinbar ist *(„administrativer Schleswig-Holsteinismus").* Die Deutsche Kanzlei bleibt die wichtigste Behörde für die Herzogtümer in Kopenhagen. In den Herzogtümern selbst sind die Regierungsbehörden für Schleswig und Holstein getrennt, aber die Finanzverordnung von 1788 behandelt das Land zwischen Königsau und Elbe als gesonderte wirtschaftliche Einheit innerhalb des Gesamtstaates. Mit Erfolg fördert A. P. Bernstorff – wie vor ihm C. v. Saldern, als er das Großfürstliche Holstein 1762-1769 verwaltete – die Kieler Universität, nimmt sich des Bauerntums, der Industrie und des Handels an. In den Jahren 1777 bis 1784 wird der Schleswig-Holsteinische Kanal (Eiderkanal) gebaut, der erste Nord-Ostsee-Kanal, der die Untereider bei Rendsburg mit der Kieler Förde verbindet – eine bedeutende technische Leistung des 18. Jahrhunderts. Ohne die Erneuerung ständischer Rechte zu dulden, gewährt Bernstorff der Ritterschaft ein begrenztes Mitspracherecht bei den ihr zugedachten Auflagen; auf seinen Vorschlag liegt seit 1775 die Leitung der Ritterschaft in den Händen einer *„Fortwährenden Deputation von Prälaten und Ritterschaft".*

Die zweite Hälfte des 18. Jahrhunderts bringt dem Bauerntum Schleswig-Holsteins (wie dem Dänemarks) fruchtbare, vom Geist der Aufklärung und Humanität getragene **Reformen,** die bis in die Gegenwart fortwirken. Die Königliche Verwaltung geht mit der Aufhebung und Parzellierung der Domänen voran; Hofdienste und Leibeigenschaft, soweit sie noch bestehen, hören auf. Die Generallandkommission in Kopenhagen und die Schleswig-Holsteinische Landkommission auf Schloß Gottorf führen seit 1768 eine *Agrarreform* in den Ämtern und Landschaften durch. Die größten Folgen hat die *Auflösung der Feldgemeinschaften,* mit der bereits v. Saldern im Großfürstlichen Holstein begonnen hatte. Bis 1823 ist die Landkommis-

Abb. 6: Andreas Peter Bernstorff 1735–1797. Zeitgen. Kupferstich. (Aus der Lebensbeschreibung v. F. W. von Schütz, 1798)

sion tätig mit Aufteilung der Dorffluren und des Gemeindelandes, Vermessung und Bonitierung des landwirtschaftlichen Nutzlandes. Flurzwang und Gemengelage werden beseitigt, dem Bauern wird die wirtschaftliche Freiheit gegeben, die „Festebauern" (Pacht-, Zinsbauer) erhalten die Anerkennung der Erblichkeit ihrer Güter. Ein weiteres, von A. P. Bernstorff eindringlich gefordertes Ziel der Agrarreform ist die *Aufhebung der Leibeigenschaft* in den adligen Gutsdistrikten. Einzelne Adlige schreiten aus eigener Verantwortung zur Parzellierung von Teilen ihrer Hoffelder. Eine Kommission der Ritterschaft entscheidet nach lebhaften Diskussionen, daß die Leibeigenschaft innerhalb einer Frist von 8 Jahren aufgehoben werden soll. Im Juni 1797 billigt der Landesherr diesen Beschluß. Am 19. Dezember 1804 erscheint die Verordnung über **Aufhebung der Leibeigenschaft** in den Herzogtümern; sie tritt am **1. Januar 1805** in Kraft. Leibeigenschaft und Dienstzwang werden völlig aufgehoben, die Einziehung bäuerlicher Stellen und alle „ungemessenen" Dienste untersagt. Die Hofdienste, auf die man nicht verzichten kann, um dem adligen Gut die Arbeitskräfte zu erhalten, werden genau geregelt. Die *patrimoniale Gerichtsbarkeit* wird einem Rechtskundigen übertragen, dessen Ernennung der Landesherr bestätigt. Die meisten Bauern werden durch diese Reform Zeitpächter, nur ausnahmsweise Erbpächter und freie Eigentümer. Eine Parzellierung der Hofländereien findet in größerem Umfang nur in Teilen der Schleswiger Adelsdistrikte statt.

Die Auflösung der Feldgemeinschaften und die Aufhebung der Leibeigenschaft bedeuten für das Bauerntum das Ende des Mittelalters, sie sind die Voraussetzung für seinen sozialen und wirtschaftlichen Aufstieg im 19. Jahrhundert.

Noch bedroht kein Nationalitätenproblem das Zusammenleben mehrerer Völker im Gesamtstaat. Wohl aber zeigt sich in Kopenhagen eine lebhafte Reaktion des dänischen Bürgertums gegen das Übergewicht des deutschen Elementes am Hofe und im Beamtentum und gegen die Gefahren sprachlicher Überfremdung, wie sie besonders während der kurzen, Volksempfinden und Herkommen verletzenden Herrschaft des radikalen Aufklärers und Reformers *Johann Friedrich Struensee* (1772 hingerichtet) hervortreten. Dieser *„Danizismus"* richtet sich z. T. auch gegen die Eigenständigkeit der Herzogtümer innerhalb des Gesamtstaates.

3. Die erste Krise des dänischen Gesamtstaates

Für das Schicksal der Herzogtümer wird die Tatsache bedeutsam, daß sich Dänemark in den Umgestaltungen der Napoleonischen Zeit gezwungen sieht, die Neutralitätspolitik Bernstorffs, die es vor den Erschütterungen der Französischen Revolution und der Koalitionskriege bewahrt hat, aufzugeben. Nach dem englischen Überfall auf Kopenhagen 1807 schließt sich Dänemark dem Gegner Großbritanniens, Frankreich, an und hält an diesem Bündnis bis 1814 fest. Der *Kampf mit England* hat zur Folge, daß Schleswig-Holstein in die für seine Wirtschaft schädliche *Kontinentalsperre* einbezogen wird; seitdem Napoleon 1810 auch Oldenburg und die Hansestädte Frankreich eingliedert und sein Kaiserreich bis an die Lübecker Bucht ausdehnt, ist der Handel mit den nächsten Nachbargebieten unterbunden. Dennoch ertragen die Schleswig-Holsteiner die Wirren und Nöte dieser Jahre geduldig, ohne in ihrer Loyalität zu wanken. Der dänische Regent – seit 1784 Kronprinz, seit 1808 König *Friedrich (VI.)* – sucht den Zusammenbruch des Römischen Reiches zu benutzen, um die staatsrechtlichen Verhältnisse zu vereinheitlichen und das aus dem Reichsverband ausgeschiedene Holstein mit Dänemark zu „amalgamieren". Sein *Inkorporationspatent* vom 9. September 1806 verbindet das Herzogtum Holstein als einen in jeder Beziehung „ungetrennten Teil" mit der Monarchie. Die „Deutsche Kanzlei" in Kopenhagen trägt seitdem den Namen *„Schleswig-*

Holsteinische Kanzlei", seit 1816 „Schleswig-Holstein-Lauenburgische Kanzlei". Eine Reihe von *Zentralisierungs-* und *Uniformierungsmaßnahmen* soll der Angleichung der Herzogtümer an Dänemark dienen, doch verhindern die außenpolitischen Schwierigkeiten und die Kriegsereignisse die folgerichtige Durchführung dieser Politik. Auch die Absicht, die sprachlichen Verhältnisse im Herzogtum Schleswig neu zu ordnen, wird aufgegeben. Das *Sprachreskript* vom 15. Dezember 1810, das den Gebrauch der deutschen Sprache beim Gottesdienst, im Schulunterricht und beim Rechtsgang durch den der dänischen ersetzen will, wo die Sprache des „gemeines Mannes" dänisch ist, wird nicht durchgeführt. Die Anordnung neuer Steuern seit 1798, die ebenfalls die Angleichung der Landesteile bezweckt, führt zu einem scharfen *Konflikt der Kopenhagener Zentrale mit der Ritterschaft*, die sich gegen die vom Landesherrn willkürlich beanspruchte Gewalt in Steuerfragen und die Verletzung ihrer Privilegien wehrt. Sprecher der Ritterschaft in diesem Kampf ist *Fritz Reventlow*, auf dessen Herrensitz *Emkendorf* deutsches Kulturbewußtsein gepflegt wird; in ihm und seinem Freundeskreis ist ein schwärmerisches deutsches Nationalgefühl im Sinne des besonders verehrten Klopstock lebendig. Reventlow bekämpft auch den Toleranzgedanken der Aufklärung und den Rationalismus in Kirche und Wissenschaft; er und seine adligen Freunde sind Gegner ebenso der Französischen Revolution und ihrer demokratischen Ideen wie der absoluten Fürstenherrschaft. Aber die Auseinandersetzungen um die Erhaltung der letzten ständischen Freiheiten endet mit einer Niederlage der Ritterschaft; sie ist seit 1802/1803 in finanzieller Hinsicht dem Willen des Landesherrn unterworfen.

Der Ausgang der Napoleonischen Epoche bringt Dänemark schwerste wirtschaftliche und territoriale Verluste.

Im Jahre 1813 wird ein neues *Geldsystem* in den Herzogtümern eingeführt, die Barbestände der Schleswig-Holsteinischen Bank werden beschlagnahmt, eine Reichsbank in Kopenhagen gegründet, alles feste Eigentum mit neuen Steuern und Lasten beschwert. Zwar wird ein Teil dieser Maßnahmen später revidiert, aber auch die Herzogtümer werden in den *Staatsbankerott* hineingerissen, außerdem durch Kriegsereignisse und Einquartierungen unmittelbar betroffen.

VIII. Schleswig-Holsteins Herauslösung aus dem dänischen Gesamtstaat

1. Neue Kräfte und Bewegungen. Entstehung des deutsch-dänischen Gegensatzes

Durch den *Verlust Norwegens im Kieler Frieden* (14. Januar 1814) und den *Erwerb des Herzogtums Lauenburg* (1815) erhält der dänische Gesamtstaat ein neues Gepräge. Nur für die Herzogtümer Holstein und Lauenburg wird der König von Dänemark Mitglied des *Deutschen Bundes*. Da Holstein nach Art. 13 der Bundesakte Anspruch auf Gewährung einer *landständischen Verfassung* hat, beruft *Friedrich VI.* im August 1816 eine Kommission, die sich mit der Ausarbeitung eines Verfassungsentwurfes für Holstein befassen soll. Die Ritterschaft bittet den König, auch Schleswig in die Verfassungsberatungen einzubeziehen und einen den Zeitumständen angemessenen, beide Herzogtümer verbindenden Landtag zu gewähren.

Den ritterschaftlichen Eingaben gibt der durch F. Reventlow zum Sekretär der „Fortwährenden Deputation" berufene Historiker der Kieler Universität *Friedrich Christoph Dahlmann* eine höhere Zielsetzung: ihm geht es um mehr als um Erneuerung der Privilegien und den „nexus socialis" der Ritterschaft, sondern um die Untrennbarkeit der Herzogtümer und ihre gemeinsame Verfassung. Die Wünsche der Ritterschaft, die auch im Bürgertum der schleswigschen Städte Widerhall finden, bleiben jedoch in Kopenhagen unberücksichtigt; auch ein „Rekurs" der Ritterschaft an die Frankfurter Bundesversammlung, der die Anerkennung der landständischen Verfassung erreichen will, wird 1823 abschlägig beschieden. An der Universität ist Dahlmann der Vorkämpfer einer an das historische Recht anknüpfenden freiheitlichen Verfassung, einer „kräftigen Volksvertretung" aller Stände, die das Eigenleben und die enge Gemeinschaft der Herzogtümer gewährleisten soll. Er gibt als erster dem *„schleswig-holsteinischen Gedanken"* einen deutschen nationalpolitischen Sinn (*„Waterlooorede"* vom 7. Juli 1815). Mit ihm zusammen schaffen sich Kieler Professoren (Nikolaus Falck, Karl Theodor Welcker, Franz Hermann Hegewisch u.a.) in den von 1815–1819 erscheinenden *„Kieler Blättern"* ein weithin wirkendes Organ der jungen politischen Ideenwelt, die allmählich auch die Studenten gewinnt und von Kiel aus ihren Weg zunächst in die gebildeten, dann auch in breitere Schichten findet.

Erst das Revolutionsjahr 1830 bedeutet einen Wendepunkt. Der Inselfriese *Uwe Jens Lornsen*, der nach langjähriger Tätigkeit in der Kopenhagener Kanzlei zum Landvogt auf Sylt ernannt worden ist, fordert in seiner tausendfach verbreiteten Flugschrift „Über das Verfassungswerk in Schleswigholstein“ eine schleswig-holsteinische *Repräsentativverfassung,* die durchgreifende Reform der Verwaltung, die verwaltungsmäßige Trennung der Herzogtümer von Dänemark, die Umwandlung des dänischen Gesamtstaates in einen „Doppelstaat“. Zwar scheitert die Petitionsbewegung, die Lornsen anzufachen sucht; aber unter dem Eindruck der durch ihn ausgelösten Unruhe bewilligt der König am **28. Mai 1831** in dem *„Allgemeinen Gesetz wegen Anordnung von Provinzialständen“* vier gleichartig zusammengesetzte, im wesentlichen auf beratende Aufgaben beschränkte *Ständeversammlungen* für die dänischen Inseln, Jütland, Schleswig und Holstein; in Lauenburg bleibt die alte landständische Verfassung in Wirksamkeit. Erst nach langwierigen Beratungen tritt die **„Provinzialständeverfassung“** mit der Verordnung vom 15. Mai 1834 in Kraft. Im gleichen Jahr wird die versprochene *Verwaltungsreform* durchgeführt, eine Schleswig-Holsteinische Regierung auf Schloß Gottorf als Mittelinstanz der Kanzlei in Kopenhagen unterstellt, ein Oberappellationsgericht in Kiel für alle drei Herzogtümer eingerichtet.

Obwohl das aktive Wahlrecht durch einen hohen Zensus beschränkt ist – nur 2–3% der Bevölkerung können es ausüben –, sind Bürgertum und Bauerntum in den Ständeversammlungen verhältnismäßig stark vertreten. Auf den Ständetagungen (zuerst 1835 in Itzehoe, dann 1836 in Schleswig) bilden sich die Parteien und sprechen sich miteinander aus, Forderungen und Zukunftsgedanken werden erörtert. *Erst jetzt werden breitere Bevölkerungsschichten in das politische Leben hineingezogen.* Die wichtigsten Reformwünsche betreffen Rechtspflege und Verwaltung, Ordnung und Öffentlichkeit der Finanzen, Umgestaltung der unteren Behörden, aber auch Zusammenlegung der beiden Ständeversammlungen, Trennung der Finanzen und der Verwaltung von Dänemark, Freiheit der Presse. In wachsendem Maße überschattet die *nationale Frage,* der deutsch-dänische Gegensatz alle Beratungen.

Seit Ende der dreißiger Jahre entsteht unter den dänischsprachigen Nordschleswigern eine *nationaldänische Bewegung,* die, beraten von den Kieler Professoren *Christian Paulsen* und *Christian Flor,* unterstützt von nationalgesinnten Dänen in Kopenhagen, vor allem in Kreisen des Kleinbürgertums und Bauerntums Anhänger gewinnt.

1838 wird die erste dänische Wochenschrift *(„Dannevirke“)* in Hadersleben gegründet; im Schleswiger Ständesaal werden die sprachlichen Forderungen der dänischen Nordschleswiger vorgetragen. Einem mit geringer Mehrheit beschlossenen Antrag der Stände entspricht König *Christian VIII.* (1839–1848) mit der *Verfügung vom 14. Mai 1840,* die in den Gebieten mit dänischer Kirchen- und Schulsprache (d.h. im ländlichen Nordschleswig) Dänisch als Rechts- und Verwaltungssprache einführt. Der nationale Zwist wird in die Schleswiger Ständeversammlung hineingetragen, als der Abgeordnete *Peter Hiort Lorenzen* auf ihrer Tagung 1842 dänisch

Abb. 7: Nationaler Konflikt: Ziel der deutschen Nationalen war die Trennung der Herzogtümer von Dänemark (Hannemann) und ihr Anschluß an einen deutschen Nationalstaat, den es noch nicht gab. Flugblatt um 1840. (S.-H. Landesbibliothek, Landesgeschichtl. Sammlung)

spricht, um die Forderung nach grundsätzlicher Gleichberechtigung der Sprachen zu unterstreichen. Im gleichen Jahr verkündet *Orla Lehmann,* die führende Persönlichkeit der dänischen Nationalliberalen, das Programm des *„Eiderdänentums“:* Dänemark vom Öresund bis zur Eider. In den folgenden Jahren verhärten sich die Gegensätze, beide nationale Gruppen entwickeln ihre politischen Programme und werben für ihre Ziele auf Kundgebungen und Volksfesten (1843 Fest der Dänen auf Skamlingsbanke in Nordschleswig, 1844 deutsches Sängerfest in Schleswig). Nationale und freiheitliche Forderungen verflechten sich mit der *Erbfolgefrage,* die im Hinblick auf das bevorstehende Erlöschen der in Dänemark regierenden männlichen Linie der Oldenburger zu einem heftigen Streit führt, ob die nach dem Königsgesetz von 1665 in Dänemark erbberechtigten Nachkommen auch in Schleswig-Holstein die Nachfolge antreten sollen. 1837 meldet Herzog *Christian August von Augustenburg* bereits die Ansprüche seines Hauses an. Als die Roskilder Ständeversammlung im Jahre 1844 einen Antrag annimmt, der darauf abzielt, den Bestand des Gesamtstaates durch die einheitliche Erbfolge des Königsgesetzes zu retten, kommt es zu leidenschaftlichen Protesten in Schleswig-Holstein. Einstimmig beschließen die Itzehoer Stände eine im wesentlichen von dem Preetzer Klosterprobst Graf *Friedrich Reventlou* formulierte Rechtsverwahrung, die zu „Fundamentalsätzen“ des schleswig-holsteinischen „Landesrechtes“ wird: *die Herzogtümer sind selbständige und eng verbundene Staaten; in ihnen herrscht der Mannesstamm.*

Den endgültigen Bruch mit dem Landesherrn bringt der **„Offene Brief“** *König Christians* **vom 8. Juli 1846:** die *Integrität des dänischen Gesamtstaates* soll durch die gleiche Erbfolge im Königreich und in den Herzogtümern geschützt werden, auch in Schleswig ist die *Erbfolge der Lex Regia* gültig. Trotz der Zusicherung des Königs, daß er die Selbständigkeit des Herzogtums Schleswig und seine Verbindung mit Holstein nicht antasten werde, erheben die deutschen Schleswig-Holsteiner in Flugschriften und Volksversammlungen Einspruch gegen den „Offenen Brief“, der von ihnen als Rechtsbruch empfunden wird. Die Ständeversammlungen in Itzehoe und Schleswig lösen sich selbst auf, um gegen die Beeinträchtigung ihres Petitionsrechtes zu protestieren. Die Schleswiger billigen einen Antrag, den König um die Aufnahme des Herzogtums Schleswig in den Deutschen Bund zu bitten. Nur durch Verbote, Zensur, Einsatz von Polizei und Militär kann die Regierung die Erregung dämpfen. Lebhaften Widerhall finden die schleswig-holsteinischen Ereignisse im gesamtdeutschen Volk. Selbst die Bundesversammlung spricht am 17. September 1846 in einer vorsichtigen Erklärung den „Vorbehalt verfassungsmäßiger Kompetenz für die Zukunft“ aus.

Schleswig-Holstein ist auch in dieser Periode Bauernland; die *Landwirtschaft* bleibt sein wichtigster Erwerbszweig. Erst seit den dreißiger Jahren können die Auswirkungen des wirtschaftlichen Zusammenbruchs allmählich überwunden werden. Wichtigste *Handelsplätze* sind in Holstein Altona, Kiel und Rendsburg, in Schleswig vor allem Flensburg, dessen Seehandel den ganzen Norden und den Ostseeraum umfaßt und besonders aus der Verbindung mit den westindischen Kolonien Dänemarks hohe Gewinne erzielt. Auch das gewerbliche Leben in den Städten verstärkt sich: die städtische Bevölkerung beträgt jedoch in dieser Zeit nur 24,2% der Gesamtbevölkerung. Vielgestaltig und reich entwickelt ist das zunftmäßig abgeschlossene Handwerkertum der Städte. *Industrieunternehmungen* größeren Umfanges gibt es in Altona und Neumünster (Textilgewerbe) und in Flensburg (Zuckerfabriken, Branntweinbrennerei). Die „Carlshütte" bei Rendsburg und die 1838 in Kiel gegründete Eisengießerei und Maschinenfabrik von Schweffel und Howaldt tragen schon Kennzeichen eines modernen Industrieunternehmens. Die erste „Kunststraße" des Landes führt seit 1833 von Kiel nach Altona, seit 1844 sind beide Städte auch durch die *erste Eisenbahnlinie* Schleswig-Holsteins miteinander verbunden.

2. Die schleswig-holsteinische Erhebung

Die Erhebung der deutschen Schleswig-Holsteiner gegen Dänemark *steht in engstem Zusammenhang mit den europäischen Erschütterungen und gesamtdeutschen Ereignissen des Frühjahrs 1848 und ist nur zu verstehen als Teilvorgang der deutschen Revolution und freiheitlichen Nationalstaatsbewegung dieses Jahres.* Nach dem Tode Christians VIII. veröffentlicht sein Nachfolger König Friedrich VII. (1848–1863) den verhältnismäßig liberalen Entwurf einer Gesamtstaatsverfassung, der auch den Schleswig-Holsteinern die Möglichkeit der Wahrung ihres Eigenlebens und ihrer Nationalität zu gewähren scheint. Die Erörterung der durch dieses *Verfassungsreskript* vom 28. Januar 1848 aufgeworfenen Fragen wird jedoch durch die Nachricht von der Pariser Februarrevolution und den revolutionären Vorgängen in Wien und Berlin überholt. In stürmisch verlaufenden Volkskundgebungen in Dänemark und den Herzogtümern kündigt sich der Anbruch einer neuen Zeit an. In Kopenhagen fordert die eiderdänische Partei eine liberale Verfassung und Verwirklichung ihres Programms. In Rendsburg verlangen die Stände der Herzogtümer und eine Volksversammlung am 18. März vor allem die Vereinigung der Ständeversammlungen und Aufnahme Schleswigs in den Deutschen Bund. Das Land gerät in Erregung; Aufhebung der Zensur, Pressefreiheit, Volksvertretung, Volksbewaffnung sind die wichtigsten *„Märzforderungen"*. Unter dem Druck der Volksbewegung beruft König Friedrich VII. am 22. März ein konservativ-liberales Ministerium auf der Grundlage des Eiderprogramms. Die Nachrichten von der Entlassung der alten Regierung und die Sorge vor der eiderdänischen Gefahr veranlassen

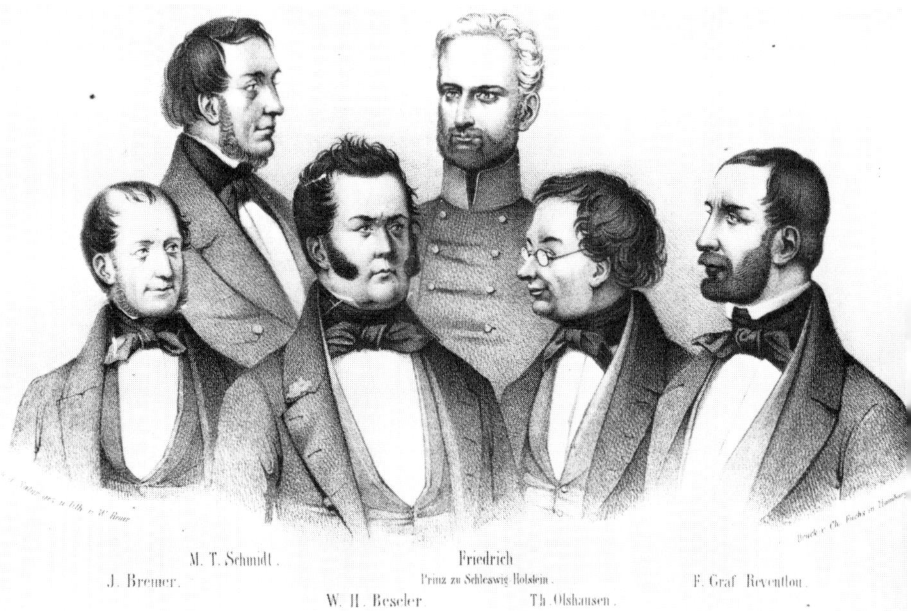

Abb. 8: Mitglieder der Provisorischen Regierung 1848. Zeitgen. Lithographie. (Kunsthalle Kiel)

die führenden Männer der schleswig-holsteinischen Landespartei, zur Selbsthilfe zu greifen. In Kiel bildet sich am **24. März 1848** eine *„Provisorische Regierung“* (Graf Friedrich Reventlou, Wilhelm Hartwig Beseler, Theodor Olshausen u. a.), die ihre Ziele bekanntgibt: zur Aufrechterhaltung der Rechte des Landes und des „angestammten Herzogs“, dessen Wille als „unfrei“ bezeichnet wird, haben sie die Regierung ergriffen; den „Einheits- und Freiheitsbestrebungen Deutschlands“ werden sie sich mit aller Kraft anschließen. Die Provisorische Regierung erreicht bald ihre Anerkennung in Berlin und Frankfurt; *Schleswig-Holstein wird eine Sache ganz Deutschlands und zur bedeutendsten außenpolitischen Frage der deutschen Revolution.* Obwohl die Truppen in Schleswig-Holstein fast geschlossen zur Provisorischen Regierung übergehen, ist sie nach einer empfindlichen Schlappe der schleswig-holsteinischen Armee (Gefecht bei *Bau* nördlich Flensburg, 9. April) auf deutsche Waffenhilfe angewiesen. Preußische und Bundestruppen unter Befehl des Generals *v. Wrangel* schlagen die Dänen (bei *Schleswig,* 23. April), überschreiten die jütische Grenze und besetzen *Fridericia* (3. Mai), ziehen sich aber bereits am 23. Mai wieder aus Jütland zurück. Unter dem Druck der außerdeutschen Großmächte, von denen Rußland schärfster Gegner der deutschen Politik ist, während sich England und Schweden-Norwegen um Vermittlung bemühen, wird in London und Malmö über einen *Waffenstillstand* verhandelt. Der am 26. August 1848 in *Malmö* zwischen Preußen (im Namen des *Deutschen Bundes*) und Dänemark abgeschlossene Vertrag bestimmt eine siebenmonatige Waffenruhe und die Einsetzung einer *„Gemeinsamen Regierung"* anstatt der „Provisorischen Regierung", die am 22. Oktober zurücktritt. Die aus konservativ gesinnten Schleswig-Holsteinern gebildete „Gemeinsame Regierung" begegnet größten Widerständen seitens der radikalen Linken und der dänischen Nordschleswiger.

Inzwischen hat die innere Neuordnung Fortschritte gemacht. Die *Vereinigte Ständeversammlung* beschließt Anfang April die Abschaffung ungerechter und überholter Steuern und Privilegien und im Juli die Wahl eines verfassunggebenden Parlaments nach allgemeinem, gleichem und direktem Wahlrecht. Diese konstituierende Versammlung (102 Abgeordnete) tritt am 15. August zusammen, vertagt sich jedoch auf Wunsch der preußischen und Frankfurter Regierung nach Einsetzung eines Verfassungsausschusses. Auf ihrer zweiten, am 4. September beginnenden Tagung berät sie den Entwurf eines maßvoll liberalen **„Staatsgrundgesetzes"**, das am 15. September 1848 angenommen wird (Grundrechte, Garantie des bestehenden Gebrauchs der Sprachen, vorläufige Aufrechterhaltung der Personalunion mit Dänemark, beide Herzogtümer „Bestandteil des deutschen Staatsverbandes", Wahl der „Landesversammlung" zur Hälfte nach gleichem, zur Hälfte nach ständischem Wahlrecht).

Die Zukunftsgestaltung des Landes hängt jedoch ab von der gesamtdeutschen und europäischen Entwicklung. Der Streit um Ablehnung, Sistierung oder Annahme des Malmöer Vertrages bringt das Frankfurter Parlament im September in eine gefährliche Krise, in der es seine völlige Ohnmacht beweist und die mit einer Niederlage und einem nicht wieder gutzumachenden Verlust an Einfluß und Ansehen endet. Der Zusammenbruch der allgemeinen deutschen Bewegung bedeutet auch für die Schleswig-Holsteiner einen schweren Schlag. Nach vergeblichen Bemühungen, eine beide Parteien befriedigende Friedensbasis zu finden, und nach Kündigung des Waffenstillstandes durch Dänemark beginnt am 3. April 1849 der zweite Abschnitt des Krieges. Nach einem Anfangserfolg schleswig-holsteinischer Verbände gegen die dänische Flotte (*Eckernförde*, 5. April) rücken „Reichstruppen" unter Kommando des preußischen Generals *von Prittwitz* vor: Einnahme der *Düppeler* Schanzen, Vorstoß nach Jütland, Besetzung von *Kolding* (20. April) und *Vejle* (8. Mai). Dem militärischen Rückschlag (dänischer Sieg bei *Fridericia*, 6. Juli) folgt der politische. Unter dem Druck russischer Drohungen und britischer Vermittlung kommt der *Berliner Waffenstillstand* vom 10. Juli 1849 zustande: Schleswig wird von schwedisch-norwegischen und preußischen Truppen besetzt, der Wirkungsbereich der schleswig-holsteinischen *„Statthalterschaft"* (Beseler und Reventlou) auf Holstein beschränkt, Schleswig von einer *dänisch-preußischen Kommission* (ein Engländer wirkt als „Schiedsrichter“ mit) verwaltet, die jedoch von den deutschen Schleswigern nicht anerkannt wird und in Mittel- und Südschleswig allmählich jede Autorität verliert. Preußen ist wegen seines Konfliktes mit Österreich und der durch ihn hervorgerufenen außenpolitischen Belastungen nicht imstande, den Schleswig-Holsteinern zu helfen; ihre eigenen Versuche unmittelbarer Verständigung scheitern in Kopenhagen. Der Waffenstillstand wird am 2. Juli 1850 durch den *Berliner Friedensvertrag* abgelöst, bei dem Preußen wieder im Namen des Deutschen Bundes handelt: es ist ein „einfacher Friede“ mit gegenseitigem Vorbehalt aller Rechte; doch wird dem König von Dänemark zugestanden, die Hilfe des Bundes anzurufen, um seine „gesetzliche Autorität“ in Holstein wiederherzustellen. Preußen verweigert seine Unterschrift, als am 2. August 1850 in London von den außerdeutschen Großmächten sowie von Dänemark und Schweden ein Protokoll (sog. Erstes Londoner Protokoll) unterzeichnet wird, das die Integrität des dänischen Gesamtstaates anerkennt; Österreich schließt sich am 23. August an.

Da die Statthalterschaft, die die reale politische Situation falsch einschätzt, nicht gewillt ist, kampflos zu weichen, beginnt die letzte Phase der Erhebung, in der die Schleswig-Holsteiner den überlegenen dänischen Streitkräften allein gegenüberstehen.

Die schleswig-holsteinische Armee erliegt ihnen am **25. Juli 1850** in der **Schlacht bei Idstedt,** nördlich von Schleswig. Auch weitere Kämpfe (Missunde, Friedrichstadt) können diese Niederlage nicht wettmachen, das Land nördlich der Eider ist verloren. Entschieden wird die schleswig-holsteinische Frage außerhalb des Landes. Österreich benutzt die durch sie entstandenen Verwicklungen als Waffe gegen den preußischen Rivalen in Deutschland und erklärt sich bereit, auf Wunsch des dänischen Königs eine *Bundesexekution* gegen Holstein durchzuführen. Um der Gefahr eines Krieges gegen das von Rußland unterstützte Österreich und seine süddeutschen Bundesgenossen (Bayern, Württemberg) auszuweichen, verständigt sich Preußen mit Österreich in der *Punktation von Olmütz* (29. November 1850) gibt seine bundesstaatlichen Pläne endgültig preis und opfert die schleswig-holsteinische Sache dem Frieden. Der österreichische und preußische Kommissar verlangen von der Landesversammlung und Statthalterschaft in Kiel die Unterwerfung.

Am 1. Februar 1851 übergibt die Statthalterschaft ihre Befugnisse den Kommissaren. Nach einjähriger Besetzung durch eine österreichisch-preußische Truppe wird 1852 das Land wieder der Autorität des Dänenkönigs unterstellt. Auf internationaler Ebene wird die schleswig-holsteinische Frage durch den **Londoner Vertrag vom 8. Mai 1852** geregelt (Rußland, Österreich, Frankreich, Großbritannien, Preußen, Dänemark, Schweden-Norwegen): Anerkennung des Prinzips der Integrität des dänischen Gesamtstaates, Festlegung der Erbfolge des Prinzen Christian v. Schleswig-

Holstein-Sonderburg-Glücksburg, Wahrung der Rechte des Deutschen Bundes in Holstein und Lauenburg. Vorher (1851/52) hat sich der dänische König in **Absprachen mit Preußen und Österreich** verpflichtet, auf gesetzmäßigem Wege eine Gesamtstaatsverfassung einzuführen, die auf der Gleichstellung der einzelnen Landesteile beruhen soll, außerdem soll *„keine Inkorporation des Herzogtums Schleswig ins Königreich"* stattfinden, noch irgendwelche sie bezweckende Schritte vorgenommen werden. Dagegen soll die Verbindung der Herzogtümer Schleswig und Holstein untereinander mit einigen Ausnahmen (u. a. Eiderkanal, Universität, „nexus socialis" der Ritterschaft) aufhören. Friedrich VII. sagt außerdem zu, dänische und deutsche Nationalität im Herzogtum Schleswig als *gleichberechtigt zu behandeln („Januarkundgebung",* 28. Januar 1852).

So ist vorerst ebenso die schleswig-holsteinische Erhebung gescheitert, wie auch die Eiderdänen ihr höchstes Ziel, die Verschmelzung Schleswigs mit Dänemark, nicht erreicht haben.

3. Die Zeit der dänischen Herrschaft

Nach der Übernahme der vollen Regierungsgewalt über die Herzogtümer führt Dänemark eine *Neuordnung der Verwaltung* durch; alle bisher gemeinsamen Behörden werden aufgelöst, für Holstein-Lauenburg und für Schleswig getrennte Ministerien in Kopenhagen errichtet. 1853 wird der um bäuerliche Abgeordnete erweiterte ständische *Landtag* Lauenburgs erneuert, 1854 werden den Herzogtümern Holstein und Schleswig neue *Ständeverfassungen* oktroyiert. Die folgenden Jahre sind auf wirtschaftlichem Gebiet durch einen unverkennbaren wirtschaftlichen Aufschwung gekennzeichnet, der besonders der Landwirtschaft zugute kommt. Eine durch die Weltwirtschaftskrise von 1857 ausgelöste Erschütterung der Wirtschaft trifft vor allem den Handel schwer, wird aber bald überwunden.

Die entscheidenden politischen Fragen werden jedoch nicht gelöst, da die beiden führenden Parteigruppen, Eiderdänen und deutsche Schleswig-Holsteiner, nicht bereit sind, ihre Ideale preiszugeben, und die Kopenhagener Regierung nicht imstande ist, die oppositionellen Kräfte zu bezwingen und die nationalen Gegensätze auszugleichen. Im Widerspruch zu den übernommenen Verpflichtungen bemüht sich die dänische Verwaltung, das Herzogtum Schleswig durch *sprachliche Zwangspolitik* mit dem Königreich zu verschmelzen und dadurch den *„Eiderstaat"* vorzubereiten. In *Nordschleswig* wird in allen Schulen Dänisch alleinige Unterrichtssprache und der deutsche Privatunterricht verboten. Die folgenreichsten *„Sprachreskripte"* vom Februar und März 1851 betreffen jedoch die „gemischtsprachigen" Gebiete *Mittelschleswigs,* in denen bisher Deutsch Kirchen- und Schulsprache war. In den ländlichen Gemeinden der Propstei Flensburg, den nördlichen Gemeinden der Propstei Gottorf, in der Stadt Tondern und den dänischsprachigen Gemeinden der Propstei Tondern wird Dänisch Unterrichtssprache, Deutsch lediglich als Fremdsprache gelehrt, während der Gottesdienst abwechselnd in dänischer und deutscher Sprache abgehalten werden soll. Die Sprachreskripte sind zunächst nur durchführbar mit Hilfe des Belagerungszustandes, in der Folgezeit durch Entlassung der meisten deutschen Beamten, Pastoren und Lehrer. Auf allen Tagungen der nach Flensburg verlegten Ständeversammlung fordert die deutsche Mehrheit die Revision der Sprachpolitik, ohne bei dem für Kirche und Schule zuständigen Beamten (Etatsrat *Theodor August Jes Regenburg)* Gehör zu finden. Auch die Warnungen einsichtiger Dänen und befreundeter auswärtiger Mächte bleiben unbeachtet. Erst 1861 entschließt sich die Regierung zu einer geringfügigen Erleichterung hinsichtlich der Konfirmation und des Hausunterrichtes; das System des Sprachzwanges wird aber nicht aufgegeben.

Unüberwindlichen Schwierigkeiten begegnet die Regierung in ihren Versuchen, eine den Abmachungen von 1851/52 entsprechende *Gesamtstaatsverfassung* einzuführen. Im Gegensatz zu den Absprachen von 1851/52 wird das *„Verfassungsgesetz für gemeinsame Angelegenheiten“ vom 2. Oktober 1855* nicht den Ständen der drei Herzogtümer vorgelegt. Vor allem in der holsteinischen Ständeversammlung erhebt sich Widerspruch gegen Form und Inhalt des Gesetzes. Der Präsident der Versammlung *Carl von Scheel-Plessen* und 10 deutsche Abgeordnete des „Reichsrates“ verlangen bei seiner ersten Tagung 1856, daß die Verfassung unverzüglich den Ständen der Herzogtümer vorgelegt werde; auch Preußen und Österreich nehmen sich der Rechte Holsteins und Lauenburgs an. 1857 lehnen die holsteinischen Stände die ihnen vorgelegte Sonderverfassung des Herzogtums ab; Ritter- und Landschaft Lauenburgs wenden sich mit ihren Beschwerden an die *Frankfurter Bundesversammlung.* Ihr Beschluß vom 11. Februar 1858 gibt Dänemark bekannt, daß die Verfassung als nicht gültig für Holstein und Lauenburg zu betrachten sei und ein dem Bundesrecht und den gegebenen Zusagen entsprechender Zustand herbeigeführt werden müsse. *Durch drei Patente vom 6. November 1858 entspricht König Friedrich VII. der Forderung des Bundes und hebt die Gesamtstaatsverfassung für Holstein und Lauenburg auf.* Während die Regierungspolitik in den folgenden Jahren Schritt für Schritt die verfassungsmäßige Verschmelzung Schleswigs mit Dänemark erstrebt, gehen die Stände der Herzogtümer und ihre deutsche Bevölkerung zu immer schärferer Opposition über. 1859 und 1861 lehnt die holsteinische Ständeversammlung alle Regierungsvorlagen ab und verlangt Selbständigkeit wie Gleichberechtigung aller Teile der Monarchie, Wiederherstellung der bürgerlichen Freiheiten und des Budgetbewilligungsrechtes. Die Schleswiger Stände wünschen 1860 Abschaffung der Sprachreskripte, Einführung der Presse-, Vereins- und Versammlungsfreiheit, Wiederherstellung der alten Verbindung mit Holstein. In Holstein faßt der *Deutsche Nationalverein* trotz aller Verbote Fuß, in Deutschland wird die schleswig-holsteinische Frage ein Anliegen breitester Volksschichten.

1863 entschließt sich die dänische Regierung *Hall* zu dem letzten Schritt, um den Eiderstaat zu errichten. Durch das *Patent vom 30. März* werden *Holstein* und *Lauenburg* endgültig aus der gesamtstaatlichen Verfassung ausgeschieden, eine Maßnahme, die mit den dänischen Verpflichtungen von 1851/52 unvereinbar ist.

4. Trennung von Dänemark und Vereinigung mit Preußen

Ungeachtet der Proteste des Bundestages bereitet Dänemark die dänisch-schleswigsche Verfassung vor; am 13. November 1863 wird sie vom Reichsrat angenommen, am 1. Januar 1864 soll sie in Kraft treten. Am 15. November stirbt König Friedrich VII., seine Nachfolge tritt gemäß dem Londoner Vertrag von 1852 *Christian IX.* (1863–1906) an; trotz ernster Bedenken unterzeichnet er am 18. November 1863 die *eiderdänische Verfassung*. Die eigentliche Entscheidung in der europäischen Krise, die durch diese Ereignisse ausgelöst wird, liegt in Händen des preußischen Ministerpräsidenten **Otto v. Bismarck.** Vorsichtig jeden diplomatischen Schritt abwägend, hält er im Gegensatz zur öffentlichen Meinung in Schleswig-Holstein und Deutschland zunächst an dem Londoner Vertrag fest, der die Erbfolge Christians anerkennt, verlangt jedoch von Dänemark die Einhaltung der 1851/52 übernommenen Verpflichtungen. Indem er sich für sein Handeln der Rückendeckung Rußlands und des Wohlwollens Napoleons III. versichert, durchkreuzt er die Interventionsneigungen der britischen Politik. Er gewinnt Österreich für gemeinsames Vorgehen in Schleswig-Holstein und für die Allianz mit Preußen, verhüllt aber sein letztes und höchstes Ziel, die *Erwerbung der Herzogtümer für den preußischen Staat*. In Ungewißheit über seine politische Strategie, die scheinbar auf Erhaltung des dänischen Gesamtstaates hinausläuft, schließen sich die Schleswig-Holsteiner in wachsender Zahl dem Erbprinzen *Friedrich von Augustenburg* an, der bereits 1859 seine Ansprüche auf Schleswig und Holstein geltend gemacht hat und dessen Parole *„Mein Recht ist Eure Rettung"* der Bevölkerung den Weg zur Trennung von Dänemark zu zeigen scheint. Unbeirrt durch derartige breite Massenbewegungen und die augustenburgischen Sympathien der deutschen Mittel- und Kleinstaaten verweigert Bismarck dem Prätendenten die Anerkennung.

Die Aktion beginnt so legitim wie möglich, indem zur Sicherung der Bundesrechte in Holstein und Lauenburg der Bundestag beschließt, die immer wieder aufgeschobene *Exekution* durchzuführen. Ende Dezember 1863 besetzen hannoversche und sächsische Truppen kampflos die beiden südlichen Herzogtümer. *Preußen und Österreich verlangen am 16. Januar 1864 von Dänemark die Aufhebung der eiderdänischen Verfassung; da das auf 48 Stunden befristete Ultimatum in Kopenhagen abgelehnt wird, überschreiten am 1. Februar 1864 die preußischen und österreichischen Truppen unter Oberbefehl des Feldmarschalls von Wrangel die Eider.* Die dänische Hauptarmee *(General de Meza)* räumt das Danewerk und zieht sich nach Norden zurück; die Nachhut der Dänen wird am 6. Februar von den Österreichern (Feldmarschalleutnant *v. Gablenz*) bei *Översee* südlich Flensburgs geschlagen. Das wichtigste Ereignis des Krieges ist die **Erstürmung der Düppeler Schanzen** durch preußische Truppen **am 18. April 1864;** mit dem Verlust dieser Befestigungsanlage und der Besetzung Fredericias durch die Österreicher ist die dänische Niederlage besiegelt. Während eines am 12. Mai beginnenden Waffenstillstandes werden auf der **Konferenz der Signatarmächte des Vertrages von 1852** in London (20. April bis 26. Juni) alle Lösungsmöglichkeiten erörtert. Der Plan einer Teilung Schleswigs nach vorher festgelegten Trennungslinien scheitert ebenso wie der von Bismarck angeregte Vorschlag einer Volksbefragung in dem national umstrittenen Gebiet. *Wenn auch die Konferenz ergebnislos endet, so ist doch die Rückkehr zum „Gesamtstaat" nicht mehr möglich.* Weitere militärische Erfolge der Verbündeten (Landung der Preußen auf der Insel *Alsen* am 29. Juni, Besetzung ganz *Jütlands* durch die Österreicher) zwingen Dänemark zum Abschluß eines neuen Waffenstillstandes.

Dem Präliminarfrieden vom 1. August folgt am **30. Oktober 1864** der **Wiener Friede zwischen Dänemark und den beiden deutschen Mächten. Der dänische König verzichtet zugunsten Österreichs und Preußens auf die drei Herzogtümer.** Die *„jütischen Enklaven"* (Westerhardeföhr, Amrum, List auf Sylt, Südröm, die Loharde und Mögeltondernharde in Nordschleswig) werden mit dem Herzogtum Schleswig vereinigt. Dagegen verbleibt bei Dänemark die schleswigsche Insel *Arrö;* um den Zusammenhang mit Jütland herzustellen, werden ein Streifen nördlich von Ripen und acht Kirchspiele am Südufer der *Koldinger Förde* Dänemark überlassen. Österreich und Preußen verwalten nach dem Friedensschluß die Herzogtümer gemeinsam, die endgültige Lösung wird vertagt. Von der Mehrheit der Bevölkerung wird weiterhin die Verschmelzung des Landes mit Preußen abgelehnt und die Bildung eines eigenen Staates im Rahmen des Deutschen Bundes unter dem augustenburgischen Fürstenhaus gefordert. Durch die überall im Lande entstandenen „Schleswig-Holsteinischen Vereine" und die Presse wird die augustenburgische Agitation gefördert. Nur in der Ritterschaft und in der vom Gedankengut des *Deutschen Nationalvereins* beeinflußten kleineren Gruppe der „Nationalen" wünscht man Anlehnung an den preußischen Staat. Bismarck bekämpft mit allen Mitteln die augustenburgische Bewegung; eine Zwischenlösung in dieser Richtung ist für ihn nur möglich, wenn ein selbständiges Schleswig-Holstein sich nicht den mittelstaatlichen

Gegnern der preußischen Politik anschließt, sondern sich politisch und militärisch Preußen ein- und unterordnet („*Februarbedingungen*" 1865). Der Gegensatz zu Österreich verschärft sich, besonders als Preußen im Frühjahr 1865 seine Marinestation von Danzig nach *Kiel* verlegt (Beginn der Entwicklung Kiels zum deutschen Kriegshafen). Der Ausbruch eines offenen Konfliktes zwischen den beiden Mächten wird noch einmal durch den *Vertrag von Gastein* (14. August 1865) hinausgeschoben. Unter Vorbehalt der Rechte beider Vertragspartner auf die Gesamtheit der Herzogtümer wird die Verwaltung geteilt: *Schleswig* soll von einem preußischen, *Holstein* von einem österreichischen Statthalter verwaltet werden. Das Miteigentumsrecht an dem Herzogtum *Lauenburg*, dessen Landtag sich schon früher für den Anschluß an Preußen erklärt hat, tritt Österreich gegen eine Entschädigungssumme von 2 ½ Millionen dän. Talern an Preußen ab. Der von der augustenburgischen Partei einmütig abgelehnte Vertrag führt jedoch nicht zur Befriedung; zwischen den beiden Statthaltern (Generalleutnant *Edwin von Manteuffel* in Schleswig und Feldmarschalleutnant *Ludwig von Gablenz* in Holstein) entsteht ein monatelanger Kleinkrieg. Wieder verflicht sich die Auseinandersetzung um Schleswig-Holstein mit der deutschen Frage, die Bismarck als Grundproblem des preußisch-österreichischen Gegensatzes erfaßt hat.

Schleswig-Holstein ist nur der Anlaß, nicht die Ursache des Deutschen Krieges von 1866. Der Bruch entsteht, als Österreich am 1. Juni 1866 bei der Bundesversammlung in Frankfurt beantragt, die Angelegenheit der Herzogtümer der Beschlußfassung des Bundes zu überweisen, und dem General v. Gablenz befiehlt, die holsteinische Ständeversammlung einzuberufen. Manteuffel marschiert am 7. Juni in Holstein ein, besetzt Rendsburg und Itzehoe; ohne daß es zum Waffengang kommt, weichen die Österreicher über die Elbe zurück. Bereits am 11. Juni zieht *Carl von Scheel-Plessen als erster preußischer Oberpräsident* in das Kieler Schloß ein, noch bevor auf den böhmischen Schlachtfeldern durch die Siege Preußens die Zukunftsgestaltung Deutschlands und Schleswig-Holsteins entschieden ist.

Im Prager Friedensvertrag vom 23. August 1866 (Art. 5) überträgt der Kaiser von Österreich seine Rechte auf die Herzogtümer Holstein und Schleswig dem König von Preußen, wobei der *Vorbehalt* hinzugefügt wird: „*Mit der Maßgabe, daß die Bevölkerungen der nördlichen Distrikte, wenn sie durch freie Abstimmung den Wunsch zu erkennen geben, mit Dänemark vereinigt zu werden, an Dänemark abgetreten werden sollen.*"

Nach Zustimmung beider Häuser des preußischen Abgeordnetenhauses vollzieht dann der preußische König am 24. Dezember 1866 das *Gesetz über die Vereinigung der Herzogtümer Holstein und Schleswig mit der preußischen Monarchie* und *erläßt am 12. Januar 1867 das „Besitzergreifungspatent". Die Umwandlung der Herzogtümer in eine preußische Provinz bedeutet den tiefsten Einschnitt in die Geschichte des Landes seit 1460.*

IX. Schleswig-Holstein als preußische Provinz

1. Grundzüge der Entwicklung bis zum Ersten Weltkrieg

Bei seiner Lösung der schleswig-holsteinischen Frage geht Bismarck über die Rechtsüberzeugung vieler Schleswig-Holsteiner hinweg. Die Eingliederung der neuen Provinz mit ihren altständischen und vielgestaltigen Überlieferungen in den preußischen Staat kann daher nicht ohne Reibungen und Konflikte vor sich gehen.

Vielfach greift Preußen in den ersten Monaten nach der Annexion zu Verboten und anderen diktatorischen Maßnahmen, um die Gegner zum Schweigen zu bringen. Bei den Wahlen zum konstituierenden Reichstag des Norddeutschen Bundes im Februar 1867 werden außer zwei Dänen ausschließlich Angehörige der liberalen Opposition gewählt. Einige tief in das Leben der Provinz einschneidende Maßnahmen werden ohne Befragung des Landes und ohne ausreichende Unterrichtung über die Wünsche der Bevölkerung getroffen.

Bereits am 13. Oktober 1866 wird die *allgemeine Wehrpflicht* eingeführt und mit ihr alle früheren Befreiungen vom Wehrdienst beseitigt. Mit der Verordnung vom 28. April 1867 wird ein ganz neues *Steuersystem* begründet, noch bevor Schleswig-Holstein am 1. Oktober 1867 in das preußische Verfassungsleben eintritt. Die Verordnung über *Gewerbefreiheit* vom 23. September 1867 und *Freizügigkeit* vom 1. November 1867 beruhen auf der Gesetzgebung des Norddeutschen Bundes. Der *Anschluß an den Zollverein* (15. November 1867) und damit an das deutsche Wirtschaftsgebiet eröffnet der Provinz Zukunftsmöglichkeiten, wenn auch zunächst die Zerschneidung der früheren Handelsbeziehungen zum Norden manche Härten zur Folge hat. Das neue, dem Freihandelsgrundsatz entgegenkommende *Zollgesetz* vom 1. Januar 1870 wird besonders von den Liberalen lebhaft begrüßt.

Die wichtigsten, ebenfalls ohne Mitwirkung des Landes erlassenen Verordnungen über die *Neuordnung des Rechtswesens* vom 24., 25., 26. Juni 1867 betreffen das Zivilprozeßverfahren, die Trennung der Rechtspflege von der Verwaltung, die Aufhebung der privaten und eximierten Gerichtsbarkeit sowie die Gerichtsverfassung. Sämtliche „Exemtionen" und „Privilegierungen" im Rechtsleben hören seitdem auf; die Reste der alten Volksgerichtsbarkeit, die patrimoniale Gerichtsbarkeit des Adels, das adlige Landgericht und die akademische Gerichtsbarkeit der Kieler Universität werden beseitigt; die Verbindung von Verwaltung und Gerichtsbarkeit erster Instanz in den Städten und ländlichen Verwaltungsdistrikten wird aufgelöst. *Rechtsgleichheit und neuzeitliches Rechtsleben werden damit angebahnt.* Das unterschiedliche, zum Teil bis ins Mittelalter zurückreichende *Privatrecht* wird erst 1900 durch das *Bürgerliche Gesetzbuch* ersetzt.

Völlig umgestaltet wird die *Verwaltung* durch die Verordnungen vom 22. September 1867 über die Landgemeindeverfassungen, die Organisation der Kreis- und Distriktbehörden sowie der Kreisvertretungen und über die Provinzialstände. Die *Gemeindeordnung* kommt berechtigten Wünschen nach Selbstverwaltung entgegen, während die Befugnisse der *Kreisversammlung* noch verhältnismäßig gering sind gegenüber der von Preußen übernommenen Institution des *„Landrats“. Die Buntheit der alten Verwaltungsformen weicht einer klaren und übersichtlichen Ordnung durch die Schaffung von 20 „Kreisen“,* wobei nach Möglichkeit die geschichtlichen Besonderheiten berücksichtigt werden. In den früheren „Landschaften“ Eiderstedt, Norder- und Süderdithmarschen bleibt die freie Kommunalverfassung im wesentlichen erhalten. Durch die *Provinzialverfassung* wird zum erstenmal ein gemeinsamer Landtag für beide Herzogtümer eingerichtet, dessen Kompetenzen freilich zunächst stark beschnitten sind. Dem freiheitlichen Selbstverwaltungsgedanken entspricht am meisten die vortreffliche *Flecken- und Städteordnung vom 14. April 1869,* der ein Entwurf des Kieler Rechtsgelehrten *Albert Hänel* zugrunde liegt.

Die *Grenzen der Provinz* nach Norden waren durch den Wiener Friedensvertrag von 1864 abgesteckt worden. Als Enklave besteht innerhalb des Landes außer kleineren Gebietssplittern der Hansestädte Hamburg und Lübeck nur noch das zum Großherzogtum Oldenburg gehörende frühere *Fürstentum Lübeck* (Eutin), das 1866 durch das Amt *Ahrensbök* erweitert worden ist. Das *Herzogtum Lauenburg,* vorerst nur in Personalunion mit Preußen verbunden, wird am 1. Juli 1876 unter sorgsamer Wahrung der „berechtigten Eigentümlichkeiten“ als Kreis „Herzogtum Lauenburg“ der Provinz angeschlossen. 1890 kommt die Insel *Helgoland* zu Schleswig-Holstein; sie hat bis 1814 zum Herzogtum Schleswig gehört und dann bis zum Abschluß des deutsch-britischen Vertrages vom 1. Juli 1890 unter englischer Herrschaft gestanden.

Innerpolitisch zeichnet sich schon vor 1870 insofern ein Wandel ab, als die Mehrheit der Bevölkerung die unfruchtbare Protesthaltung aufgibt und sich, nicht zum letzten unter dem Eindruck der deutschen und europäischen Politik Bismarcks, mit der Annexion aussöhnt. *Im Jahre des deutsch-französischen Krieges und der Reichsgründung bekennen sich auch die Schleswig-Holsteiner einmütig zum deutschen Nationalstaat.* In der *Umbildung der Parteien* zeigt sich der Wandel der Lage: die „Nationalen“ schließen sich der Nationalliberalen, die Landespartei der Fortschrittspartei an; nur eine kleine Gruppe augustenburgisch Gesinnter verharrt weiter in der Negation. Viel bedeutsamer wird dann die Gegnerschaft der schleswig-holsteinischen *Sozialdemokraten* zum preußischen Staat. Bereits in den siebziger Jahren ist die Provinz ein Kerngebiet der sozialistischen Bewegung, deren mehr radikaldemokratische Anfänge bis in die Zeit vor 1848 zurückreichen und nicht nur aus den Nöten in den wenigen Industrieorten, sondern vor allem aus sozialen Gegensätzen auf dem Lande (*„Instenproblem“*, ländliches „Proletariat“) zu erklären sind. Nach heftigen inneren Kämpfen setzt sich die Sozialistische Arbeiterpartei Deutschlands durch; bei den Reichstagswahlen von 1874 kann sie fast ⅓ der abgegebenen Stimmen erringen und damit die Nationalliberalen überflügeln. Repressivmaßnahmen des Staates (Sozialistengesetz 1878) haben auch in Schleswig-Holstein die Partei nicht beseitigen können.

Die *Verwaltung der Provinz* ist in der Folgezeit häufig gekennzeichnet durch das Spannungsverhältnis zwischen staatlicher zentraler Lenkung und Selbstverwaltungsgedanken. An der Spitze der staatlichen Verwaltung steht der *Oberpräsident;* nach Vereinigung der holsteinischen und schleswigschen Regierung gibt es nur *einen Regierungsbezirk* für das ganze Land (mit Sitz in Schleswig). Die *Kreis- und Gemeindeverwaltung* wird Ende der achtziger, Anfang der neunziger Jahre in Angleichung an die anderen preußischen Provinzen reformiert (1888 Kreisordnung, 1891 Landgemeindeordnung). Neben der staatlichen Verwaltung entwickelt sich auch eine provinzielle Selbstverwaltung *(Landeshauptverwaltung, Provinziallandtag),* die sich vor allem der Förderung sozialer und volksbildnerischer Aufgaben, des Wegebaus und des Versicherungswesens annimmt.

Die *schleswig-holsteinische Landeskirche* wahrt weiterhin ihren evangelisch-lutherischen Bekenntnisstand und wird nicht dem Oberkirchenrat in Berlin unterstellt. Als unter Aufsicht des Staates stehende Institution ist sie zwar in ihrem kirchlichen Wirken beschränkt, doch kann sich ihre freie Arbeit besonders in den Werken der Mission und Diakonie reich entfalten. Die oberste Kirchenbehörde des Landes ist (bis zur Kirchenverfassung von 1922) das *Konsistorium,* zu dem auch die *Generalsuperintendenten* für Holstein und Schleswig gehören. Noch 1871 bekennen sich 98,8% der Bevölkerung zum evangelischen Glauben, 0,6% zur katholischen Kirche (1910: 95,5% evangelisch-lutherisch, 3,3% katholisch). *Grundsätzlich betrachtet der preußische Staat die Konfessionen als gleichberechtigt;* dies entspricht der seit 1. Oktober 1867 für Schleswig-Holstein gültigen preußischen Verfassung. 1868 wird für die Provinz eine *apostolische Präfektur* errichtet, die dem Bischof von Osnabrück untersteht und erst 1930 auf das Bistum Osnabrück übergeht.

Unverkennbar ist der *wirtschaftliche Aufschwung* der Provinz in den Jahrzehnten bis zum Ersten Weltkrieg trotz der Verkehrsferne und Randlage des Landes und seines Mangels an natürlichen Bodenschätzen. Die Eisenbahnstrecken und das Straßennetz werden ausgebaut, Deichbauten und Urbarmachung von Heide und Moor gefördert. Der von Bismarck gegen zahlreiche Widerstände durchgesetzte Bau des Kaiser-Wilhelm-Kanals

(Nord-Ostsee-Kanals) wird 1895 beendet. Der die Provinz von Holtenau an der Kieler Förde bis Brunsbüttelkoog an der Elbmündung durchschneidende Kanal, der auch strategisch von besonderer Bedeutung ist, entwickelt sich zu einer Wasserstraße des Weltverkehrs. Die fortschreitende *Industrialisierung* zeigt sich vor allem in den holsteinischen Landesteilen und ihren Städten (Altona, Kiel, Neumünster), während im alten Herzogtum Schleswig nur Flensburg (Eisen- und Papierfabriken, Schiffswerft) eine größere Rolle im gewerblichen Leben und im Handel spielt. Das schnelle Wachstum durch Industrie und Wirtschaft spiegelt sich besonders in den Einwohnerzahlen der Städte Altona und Kiel. (Altona 1871: 74102, 1890: 143249, 1900: 161501 Einwohner; Kiel [Sitz der einzigen Universität des Landes, Kriegshafen, Werftindustrie], das 1871 nur 31764 Einwohner hat, zählt 1900 eine Bevölkerung von 107972 und 1910 von über 210000 Menschen.) *Trotzdem ist Schleswig-Holstein nicht eigentlich Industrieland geworden.* Nach wie vor ist die *Landwirtschaft* ein wesentlicher Erwerbszweig der Bevölkerung; Agrarprodukte und Erzeugnisse der Nahrungsmittelindustrie sind wichtigste Ausfuhrgüter. Die Landwirtschaft wendet sich neueren Methoden der Bodenbearbeitung, der verstärkten Verwendung von Maschinen, planmäßigem Ausbau der Viehzucht und Milchwirtschaft zu. Das in seinen Anfängen in die vorpreußische Zeit zurückreichende landwirtschaftliche Vereins- und Genossenschaftswesen bildet den Unterbau der 1896 begründeten *Landwirtschaftskammer*. 1897 erhält das *Handwerkertum* mit *Pflichtinnungen und Handwerkskammern* seine Organisation.

Die *Umwandlung der sozialen Struktur* des Landes bis 1914, bedingt durch die Zuwanderung aus anderen deutschen Ländern, die Industrialisierung, die Abwanderung vom Lande in die Stadt, zeigt sich darin, daß 1907 nur noch 29,6% in landwirtschaftlichen Berufen beschäftigt sind (1882: 44,3%, 1895: 37,5%). 1867 wohnen 70% der Bevölkerung auf dem Lande, 1900 nur noch 47%. Die Gesamtzahl der Bevölkerung ist stetig gewachsen, von 981718 i.J. 1867 auf 1627004 i.J. 1910. *Die alte gesellschaftliche Ordnung ist ins Wanken geraten; das ist jedoch nicht eine Folge der preußischen „Annexion", sondern Teilvorgang eines Deutschland, Europa und die Welt bestimmenden Umschichtungsprozesses.*

2. Die Nordschleswigfrage

Vor überaus schwierige Aufgaben wird die Verwaltung in den nördlichen Teilen der Provinz gestellt, in denen eine zahlreiche dänische Bevölkerung – die überwiegende Mehrheit – an Sprache und Volkstum festhält und dem preußischen Staate mit Ablehnung und Opposition begegnet.

Grundlage dieser Haltung ist vor allem die Berufung auf die *Nordschleswigklausel* des Art. 5 des preußisch-österreichischen Friedensvertrages von

1866, aus der die Nordschleswiger ein ihnen gewährtes Recht auf Volksabstimmung ableiten. Verhandlungen zwischen Preußen und Dänemark über die Verwirklichung des Vorbehaltes scheitern jedoch 1867/68, da sich über die Abgrenzung des abzutretenden Gebietes und über die preußischen Forderungen nach Garantien für die bei Dänemark verbleibende deutsche Minderheit keine Übereinstimmung erzielen läßt. Mit Rücksicht auf die Widerstände in der deutschen öffentlichen Meinung, auf strategische und andere Gesichtspunkte sucht Bismarck etwaige Abtretungen auf einen möglichst kleinen Teil Nordschleswigs zu beschränken, gibt aber 1871 den Gedanken an eine Abstimmung preis. Die Nordschleswigklausel des Art. 5 wird am 13. April 1878 durch einen zwischen Preußen und Österreich abgeschlossenen Vertrag aufgehoben (Bekanntgabe am 4. Februar 1879). Trotzdem verzichten die dänischen Nordschleswiger nicht auf ihre Forderung der Selbstbestimmung und verharren in ihrer Protesthaltung, die sich auch darin äußert, daß ihre 1867 in den preußischen Landtag gewählten Abgeordneten (Hans Andersen Krüger und Nicolai Ahlmann) den Eid auf die preußische Verfassung verweigern.

Anlaß zu Konflikten gibt das in Art. 19 des Wiener Friedens 1864 gewährte (freilich unklar formulierte) Recht, innerhalb einer Frist von 6 Jahren die dänische Staatsangehörigkeit zu erwerben (für Dänemark zu „optieren“). Vor allem nach Einführung der Wehrpflicht und während des Krieges von 1870/71 machen die nordschleswigschen Dänen von dieser Möglichkeit Gebrauch, um sich massenweise dem Militärdienst zu entziehen. Scharfe Gegenmaßnahmen der preußischen Regierung (Ausweisung der nach Nordschleswig zurückgekehrten *„Optanten“*) sind die Folge. Eine auf Bismarcks Vorschlag zusammengetretene deutsch-dänische Kommission regelt 1872 in der *Apenrader Konvention* die *„Optantenfrage“* in einem dänischen Wünschen entgegenkommenden Sinne.

Die Entlassung dänisch gesinnter Beamten, Pastoren und Lehrer nach 1864 sowie Optionen und Auswanderung tragen bei zur Schwächung des Dänentums. Zwar sind die „Regenburgschen Sprachrekripte“ bereits 1864 für Mittelschleswig und die Städte Nordschleswigs aufgehoben worden, doch wird die dänische Kirchen- und Schulsprache im ländlichen Nordschleswig vorerst nicht angetastet. Auch die *Sprachinstruktion von 1871* kann noch nicht als Maßnahme der „Germanisierung“ bezeichnet werden. Erst die *Sprachverfügung vom 9. März 1878* erweitert bedeutend den Deutschunterricht in den nordschleswigschen Schulen und führt für eine Reihe von Fächern auf der Ober- und Mittelstufe die deutsche Unterrichtssprache ein. Nach der Aufhebung der Nordschleswigklausel des Art. 5 richtet sich das Dänentum darauf ein, seine Ziele in einer „Arbeit auf lange Sicht“ zu erreichen und beginnt eine auf Breitenwirkung bedachte Tätigkeit. 1880 Gründung des „Vereins zur Erhaltung der dänischen Sprache in Nordschleswig“, der sich vor allem dem Ausbau des Büchereiwesens widmet. 1888 „Wählervereinigung für Nordschleswig"; Versammlungstätigkeit, Bau von Versammlungshäusern, Förderung des Besuches von Volkshochschulen und Fortbildungsschulen in Dänemark. 1888 wird der Streit über die Eidesleistung zugunsten der „Eidableger" und einer „Verhandlungspolitik" entschieden, die alle verfassungsmäßigen Rechte zur Stärkung der dänischen Sache ausnutzt. Der Zusammenschluß des Dänentums wird dabei gefördert durch die Gefährdung der dänischen Sprache. Die *Sprachverfügung* vom 18. Dezember 1888, die für alle Fächer mit Ausnahme des Religionsunterrichtes die deutsche Unterrichtssprache in den dänischsprachigen Gebieten anordnet, ist von verhängnisvoller Wirkung. Die Gegensätze verschärfen sich, die dänischen Nordschleswiger werden in einen unversöhnlichen Kampf mit dem preußischen Staat hineingetrieben. 1892 gründen sie den „Nordschleswigschen Schulverein", neben der Landeskirche entstehen „Freigemeinden"; genossenschaftliche Vereine und Kreditinstitute, später auch Jugendorganisationen werden ins Leben gerufen.

Die Politik des Oberpräsidenten *Ernst Matthias von Köller* (1897 bis 1901), der mit Ausweisungen und anderen polizeilichen Zwangsmitteln die Volkstumsfragen zu lösen versucht, führt höchstens zu Teilerfolgen, schadet dem Ansehen Preußens in Deutschland und Nordeuropa und stärkt den dänischen Widerstand. Ein *preußisch-dänischer Vertrag vom 11. Januar 1907* ordnet die Frage der „staatenlosen" Kinder früherer *Optanten* und räumt ihnen das Recht auf Naturalisation ein. Dänemark anerkennt ausdrücklich die im Wiener Frieden gezogene Grenze. 4000 bis 5000 Optantenkinder können die preußische Staatsbürgerschaft erwerben und damit die Sicherheit vor willkürlicher Ausweisung. In der Organisation und Führung der Dänen gewinnt der Reichstagsabgeordnete *Hans Peter Hanssen* stärksten Einfluß. Deutschen Siedlungsbestrebungen bemühen sich die Dänen in eigenen Organisationen entgegenzuwirken. Der Steigerung dänischer Aktivität ist weder die staatliche Zwangspolitik noch der bereits 1890 gegründete „Deutsche Verein für das nördliche Schleswig" gewachsen. Vergebens drängt der höchste Kirchenbeamte Schleswigs, Generalsuperintendent *Theodor Kaftan*, in Übereinstimmung mit vielen Pastoren auf eine begrenzte Revision der Sprachpolitik. Der 1909 von *Johannes Schmidt-Wodder*, *Karl Vogel* und anderen Pastoren gegründete „Verein für deutsche Friedensarbeit in der Nordmark" verbindet mit seiner Kritik an der bisherigen deutschen Kulturarbeit die Forderung, das Selbstbewußtsein der deutschen Nordschleswiger (der *„Heimdeutschen"*) zu beleben und das dänische Volkstum zu achten, aber sein Einfluß ist zu gering, um auf die preußische Nordschleswigpolitik einwirken zu können. Andere, entschieden demokratische Persönlichkeiten, wie der Marburger Theologe *Martin Rade*, verbinden ihre Kritik an der Nordschleswigpolitik mit einer grundsätzlichen Auseinandersetzung mit den Auswüchsen der Zeit.

Bis zum Beginn des Ersten Weltkrieges ist die dänische Bevölkerung in Nordschleswig weiter innerlich und äußerlich erstarkt; in Mittelschleswig und besonders in der Stadt Flensburg, in der die Dänen 1867 eine schwache Mehrheit haben und 1881 noch einmal einen Abgeordneten zum Reichstag wählen, ist sie dagegen in ständigem Rückgang begriffen.

3. Die Abstimmung von 1920 und die neue Grenze

Das Schicksal *Nordschleswigs* wird erst nach dem Zusammenbruch des Deutschen Reiches im Ersten Weltkrieg entschieden. Bereits im Oktober 1918 anerkennt die deutsche Regierung grundsätzlich das Selbstbestimmungsrecht auch hinsichtlich Nordschleswigs, obwohl ein formales Recht Dänemarks oder der dänischen Nordschleswiger nicht zugegeben wird.

Grenzziehung 1864 und 1920 – Volksabstimmung 1920

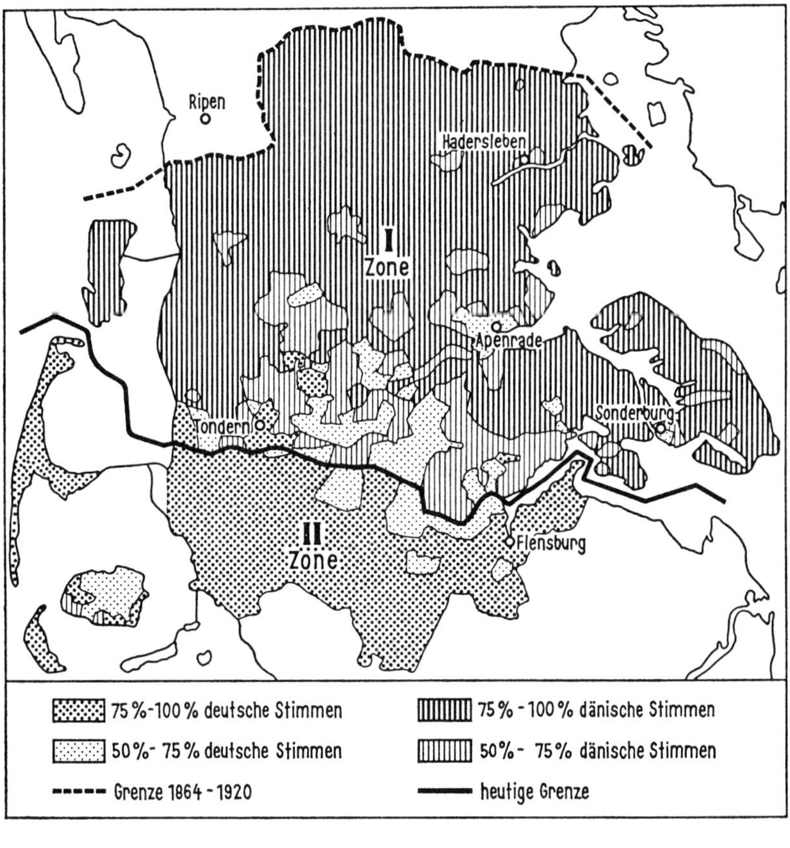

Verhandlungen der Berliner Regierung, insbesondere mit dem Reichstagsabgeordneten *Hans Peter Hanssen*, führen am 14. November zu einer schriftlichen Erklärung des Staatssekretärs Dr. *Solf*, daß auch die nordschleswigsche Frage auf der Grundlage des Selbstbestimmungsrechtes der Völker gelöst werden solle. Von Bedeutung für die weitere Entwicklung sind die *„Apenrader Beschlüsse“* des Nordschleswigschen (dänischen) Wählerverbandes vom 16. und 17. November; sie verlangen die Abstimmung in einem als Einheit zu behandelnden Gebiet zwischen der Nordgrenze und einer südlich von Tondern, nördlich von Flensburg verlaufenden Linie, darüber hinaus auch in Teilen Mittelschleswigs. Dänemark, das von englischer Seite nachdrücklich vor unmittelbaren Verhandlungen mit Deutschland gewarnt ist, wendet sich am 28. November 1918 an die Gegner Deutschlands, um die Erörterung der nordschleswigschen Frage bei den Friedensverhandlungen zu erreichen.

Die Forderung einer **Volksabstimmung** *in Nordschleswig und in Teilgebieten Mittelschleswigs wird in Art. 109–114 des* **Versailler Vertrages vom 28. Juni 1919** *festgelegt.* Abgestimmt werden soll in einer *ersten Zone* von der Nordgrenze des Deutschen Reiches bis zu einer Linie nördlich Flensburg, südlich Tondern-Hoyer in der Form, daß sich das Wahlergebnis nach der Mehrheit der in diesem Abschnitt abgegebenen Stimmen richtet *(„en-bloc-Abstimmung“);* in einer *zweiten Zone* (Stadt Flensburg, Teile der Landkreise Flensburg, Tondern und Husum) soll das Abstimmungsergebnis *gemeindeweise* festgestellt werden.

Die noch im Vertragsentwurf vorgesehene, von eiderdänischen Nationali-

Abb. 9: Notgeldschein (Rückseite) der Gemeinde Lutzhöft (Angeln) 1920. Die Aufschrift sollte „von verschiedenen Nationalitäten verschieden aufgefaßt“ werden. (J. Ohrtmann, Hohenhude)

sten gewünschte Abstimmung in einer dritten Zone (bis zur Linie Kappeln–Tönning oder Schleswig–Friedrichstadt) ist auf Vorstellungen Dänemarks gestrichen worden; der dänische Ministerpräsident Zahle hält zur Klärung der nationalen Verhältnisse eine Abstimmung in diesen Gebieten für unnötig, da ihre Bevölkerung seit der Entstehung des Gegensatzes der Nationalitäten „niemals eine Spur dänischen Nationalgefühls" bekundet habe. Abstimmungsberechtigt sind alle Personen, die das 20. Lebensjahr vollendet haben, im Abstimmungsgebiet geboren sind oder vor dem 1. Januar 1900 ihren Wohnsitz haben oder von den deutschen Behörden ohne Beibehaltung des Wohnsitzes im Abstimmungsgebiet ausgewiesen worden sind.

Nach Inkrafttreten des Friedensvertrages (10. Januar 1920) wird das Abstimmungsgebiet von den deutschen Truppen und Behörden geräumt und von französischen und britischen Truppen besetzt; eine Internationale Kommission übernimmt die Verwaltung. Bei außerordentlich starker Wahlbeteiligung wird am **10. Februar 1920** in der *ersten Zone* abgestimmt; 75431 Stimmen werden für Dänemark, 25329 für Deutschland abgegeben – deutsche Mehrheit u. a. in Tondern (76%), Hoyer (73%), Sonderburg (55%) und Apenrade (54%). Die Abstimmung in der *zweiten Zone* (Mittelpunkt das besonders heiß umkämpfte Flensburg) bringt am **14. März 1920** mit 51724 deutschen und 12800 dänischen Stimmen die Entscheidung für Deutschland; nur in drei Dörfern in West-Föhr wird eine schwache dänische Mehrheit erzielt.

Versuche der deutschen Regierung, noch nachträglich nach dem Vorschlag ihres Sachverständigen *Johannes Tiedje* eine Grenzkorrektur zu erreichen, die etwa gleich große nationale Minderheiten auf beiden Seiten der Grenze belassen hätte, scheitern ebenso wie Bemühungen dänischer Kreise um eine Internationalisierung Mittelschleswigs und Flensburgs. **Nach Auflösung der Internationalen Kommission** (15. Juni 1920) **wird das Gebiet der zweiten Zone wieder Deutschland übergeben, während Dänemark den nordschleswigschen Abstimmungsbezirk mit 4000 qkm und rd. 163000 Einwohnern übernimmt.**

Die südliche Grenze der ersten Zone ist zur neuen Grenze zwischen Dänemark und dem Deutschen Reich geworden. Schleswig-Holstein hat etwa ⅕ seines Bodens verloren. Damit beginnt ein neuer Abschnitt in der Geschichte des Landes und der deutsch-dänischen Beziehungen.

4. Zwischen den Weltkriegen

Schleswig-Holstein hat in den Anfängen der Weimarer Republik außer der allgemeinen Wirtschaftsnot und den Folgen der Niederlage Deutschlands auch die Auswirkungen der Abtretung Nordschleswigs zu überwinden, nimmt aber teil an der wirtschaftlichen Gesundung 1924 bis 1929, wenn auch die

Randlage des Landes, sein Mangel an natürlichen Bodenschätzen und an ausbaufähiger Industrie die Staatsführung vor schwer zu bewältigende Aufgaben stellen.

Im Gegensatz zu den demokratischen und liberalen Überlieferungen des Landes steht die allmähliche Hinwendung zu den *Rechtsparteien*, die bei der Reichstagswahl von 1924 bereits 47,6% der abgegebenen Stimmen auf sich vereinigen können, während 1919 die *SPD* noch 47,5% gewonnen hatte. Bei der vorwiegend agrarischen Struktur der Provinz wird seine Landwirtschaft besonders hart von der *Weltwirtschaftskrise 1930* betroffen. In Teilen des *Bauerntums* zeigen sich seit 1929/30 deutliche Zeichen fortschreitender Radikalisierung. Die *„Landvolkbewegung“* geht seit 1929 zur Anwendung von Gewalt (Bombenanschläge auf Finanzämter, Gerichtsgebäude usw.) über, bricht dann zwar zusammen, aber bereitet dem *Nationalsozialismus* den Weg. Bei den Reichstagswahlen erhält die NSDAP 1928: 4%, 1930: 27%, Juli 1932: 51% der Wählerstimmen. Juli 1932 überwiegt der Anteil der nationalsozialistischen Stimmen den Reichsdurchschnitt von etwa 37%, er ist im Landesteil Schleswig höher als in Holstein, am größten in den wirtschaftlich schwachen Gebieten der „Geest“ (78,7%).

Die Auseinandersetzung um die *Grenz- und Nationalitätenfrage* beruhigt sich allmählich in den zwanziger Jahren. Der beim dänischen Staate verbliebenen *deutschen Minderheit* ermöglichen die freiheitlichen Grundsätze der dänischen Verfassung die Vertretung ihrer Anliegen im Reichstag Dänemarks („Folketing“) und in den öffentlichen Körperschaften sowie den Aufbau ihrer eigenen Organisationen (Schleswigscher Wählerverein, Deutscher Schulverein, Deutscher Jugendverband, Wohlfahrtsdienst, Selbsthilfe). Als einziger deutscher Abgeordneter wird 1920 *Joh. Schmidt-Wodder* in das dänische Parlament gewählt; der Anteil der deutschen an den in Nordschleswig abgegebenen Stimmen schwankt bei den verschiedenen Wahlen (bis 1939) zwischen rund 14 bis 16%. Grundsätzlich hält die deutsche Minderheit an der Forderung einer „neuen Entscheidung“, d.h. einer *Grenzrevision* fest; ebenso die überwiegende Mehrheit der Deutschen südlich der neuen Grenze. Mit reichsdeutscher Hilfe wird außer dem Büchereiwesen vor allem das *Schulwesen* ausgebaut; bis 1933 entstehen neben den 30 Kommunalschulen 28 Privatschulen, unter ihnen ein deutsches Gymnasium. Eine von dem Haderslebener Rechtsanwalt Georg Vogelgesang gegründete, aus Reichsmitteln gestützte „Kreditanstalt“ bemüht sich seit 1926, den deutschen Grundbesitz zu behaupten und zu erweitern. Der kirchlichen Arbeit widmen sich, neben den der dänischen Volkskirche angehörenden Gemeinden, die insbesondere seit 1924 entstandenen „Freigemeinden“, die der Landeskirche angeschlossen sind.

Die zahlenmäßig geringere, vor allem in Flensburg ansässige *dänische Minderheit* südlich der Grenze schließt sich 1920 in dem „Schleswigschen Verein“ zusammen, dessen Mitgliederzahl bis 1924 auf 8000 anwächst. Der

Staat gewährt ihr die Freiheit für die Gründung ihrer kulturellen und sozialen Organisationen. Die gesetzlichen Voraussetzungen für den Aufbau des Schulwesens bringen die *preußischen Minderheitsschulordnungen* von 1926 und 1928. Wie die deutsche Minderheit in Nordschleswig bevorzugt auch die dänische in Südschleswig die freiere Form der durch staatliche Zuschüsse geförderten, aber im wesentlichen autonom verwalteten *„Privatschulen"*, deren wichtigste die dänische Realschule in Flensburg wird. Die Reichstagswahlen zeigen ein starkes Absinken der dänischen Stimmen: es ist der Minderheit nicht möglich, einen Kandidaten durchzubringen; doch beweisen die Gemeindewahlen bis 1933, daß trotz eines schon vor 1933 merklichen Stillstandes ein Kern der Minderheit fest geblieben ist.

1933 beseitigt der autoritäre *nationalsozialistische Staat* die auch von der Weimarer Republik sorgsam geschonten Einrichtungen provinzieller *Selbstverwaltung*, den bisher von der Bevölkerung gewählten *Provinziallandtag* und den *Provinzialausschuß;* dieser wird ersetzt durch einen zu lediglich beratenden Funktionen herabgedrückten „Provinzialrat", dessen Mitglieder ebenso wie der *Landeshauptmann* vom Oberpräsidenten und *„Gauleiter"* ernannt werden. Gleichschaltung, Verhaftungen und Verfolgungen politisch oder „rassisch" mißliebiger Personen ziehen mit der Etablierung der nationalsozialistischen Herrschaft ins Land ein. Die jüdischen Gemeinden gehen zunächst durch Emigration, dann aber vor allem durch Verschleppung und Ermordung ihrer Angehörigen vollends unter. Mehr als zehn Konzentrationslager und „Außenkommandos" wurden im Lande nacheinander eingerichtet.

Eine tief in die überlieferten Verhältnisse eingreifende, freilich z.T. auf Erwägungen in der Zeit vor 1933 zurückgreifende territoriale Neuordnung bringt das **Gesetz** *(„Großhamburg-Gesetz")* **vom 26. Januar 1937.**

Altona und Wandsbek sowie 13 Gemeinden der südlichen Kreise werden an Hamburg abgetreten; Lübeck, das zu Oldenburg gehörende Gebiet des früheren Fürstbistums Lübeck („Landkreis Eutin") und weitere Landgemeinden werden mit der Provinz verbunden.

Von unheilvoller Wirkung ist die Umgestaltung von 1933 nicht zuletzt auf die Entwicklung der *Nationalitätsverhältnisse.* In der *deutschen Volksgruppe Nordschleswigs* entstehen zunächst durch den Einbruch des Nationalsozialismus Verwirrung und Zwist in den eigenen Reihen und verschärfte Spannungen zu der dänischen Bevölkerung, die sich zur Gegenwehr fester zusammenschließt. In Nachahmung reichsdeutscher Vorbilder werden nationalsozialistische Organisationen ins Leben gerufen, so 1935 die NSDAP Nordschleswig. Allerdings wird das „Führerprinzip" erst nach Jahren heftiger innerer Auseinandersetzung völlig durchgeführt. 1935 wird *Joh. Schmidt-Wodder* mit geringer Stimmenmehrheit gegenüber den anderen deutschen Kandidaten in das Folketing gewählt, 1939 durch *Dr. Jens Möller* abgelöst. Das äußere Wachstum der deutschen Minderheit zeigt sich

Bund Nationalsozialistischer
Deutscher Juristen
Ortsgruppe Kiel

Kiel, den 22. Dezember 1934
Holstenstrasse 106/108
Fsp.: 7740.

18.1.34

Rundschreiben № 22/34.

Ich ordne für den Bezirk meiner Ortsgruppe hiermit folgendes an:

Die Reaktion macht sich erneut breit. Ich werde in meiner Ortsgruppe in keiner Richtung die Reaktion wieder aufkommen lassen. Ich werde mit rücksichtsloser Schärfe jeden aus der Ortsgruppe ausschliessen, der sich auch nur im geringsten in irgend einer Richtung reaktionär betätigt. Derartige Elemente haben in den Reihen des BNSDJ keinen Platz.

Typisch für die Gegner des neuen Staates und seines Führers ist die Meidung des Deutschen Grusses. Sie gehen sogar soweit, den Deutschen Gruss durch Bezeichnungen wie "Guten Tag" und Abnehmen des Hutes zu erwidern. Ich ordne hiermit folgendes an:

Die Mitglieder der Ortsgruppe Kiel des BNSDJ.haben den Gruss durch den Deutschen Gruss, d.h. durch die Worte "Heil Hitler" und Erheben der rechten Hand zu äussern.und auf jeden Gruss in dieser Weise zu erwidern. Mitglieder der Ortsgruppe, die dieser Anordnung nicht Folge leisten, werden ausgeschlossen werden. Gegen Notare, welche dieser Aufforderung nicht Folge leisten, werde ich das Disziplinarverfahren beantragen.

Der Ortsgruppenleiter:
B.Claussen.

Abb. 10: Gleichschaltung des Grußes 1934 (Nachlaß Dr. Otto Kähler, privat)

in der Gründung weiterer deutscher Privatschulen und in einem Stimmengewinn bei der Folketingswahl von 1939 (15,6% der Gesamtstimmen in Nordschleswig), der den Deutschen jedoch nicht zu dem erhofften zweiten Mandat verhilft.

Für die *dänische Minderheit in Südschleswig* (wie nunmehr der gesamte bei Deutschland verbliebene Landesteil genannt wird) ist nicht ohne Bedeutung, daß sie seit 1933 nicht mehr in einem Rechtsstaat lebt. Doch bleiben ihre Einrichtungen, auch ihr Schulwesen, äußerlich unangetastet, obwohl gegenüber ihren Angehörigen, besonders seit 1937, zu Druckmitteln und Schikanen gegriffen wird.

Am verhängnisvollsten für die Verhältnisse innerhalb der Grenzbevölkerung ist die tiefe Entfremdung zwischen deutschem und dänischem Volk, die seit 1933 durch den Gegensatz zwischen totalitärer Diktatur und freiheitlicher Demokratie aufgebrochen ist. Schleswig-Holstein, das sich noch 1929 durch die in Kiel veranstaltete „Nordisch-Deutsche Woche für Kunst und Wissenschaft" um Ausgleich und Vermittlung zwischen dem deutschen Volk und den nordischen Völkern bemüht, kann seine Aufgabe eines Brückenlandes zwischen Deutschland und dem Norden nicht mehr erfüllen.

Abb. 11: Entfernung des Geistkämpfers von Ernst Barlach 1937 (Transport ins Thaulow-Museum). (Stadtarchiv Kiel)

X. Vom Zweiten Weltkrieg bis zur Gegenwart

1. Folgen des Krieges, Schleswig-Holstein unter der Militärregierung

Während des *Zweiten Weltkriegs* wird Schleswig-Holstein von unmittelbaren Kampfhandlungen nur am Rand berührt, wenn auch der Bombenkrieg in einigen Städten schwere Verwüstungen anrichtet, so vor allem in *Kiel*, dessen Stadtgebiet zu zwei Dritteln völlig oder teilweise zerstört wird, und in der *Lübecker Altstadt*. Um so größer sind die Folgen der totalen Niederlage für das Land. Seit dem Winter 1944/45 strömen Hunderttausende von Flüchtlingen aus Danzig, Pommern, Schlesien in den Raum nördlich der Elbe ein, dazu kommen die aus dem Osten, Süden und Norden zurückflutenden Heeresverbände, die nach der Kapitulation hier interniert werden. Der *Bevölkerungsdruck* steigt 1945/46 weiter durch Heimatvertriebene aus den polnisch besetzten deutschen Ostgebieten. Die Gesamtbevölkerung (am 17. Mai 1939: 1588994) ist 1948 auf 2641000 und 1950 (1. November) auf 2680510 Menschen angewachsen, davon 1151396 Flüchtlinge und Evakuierte (Zunahme gegenüber 1939: 68,7%). Herkunftsgebiete der Flüchtlinge und Vertriebenen sind vor allem Ostpommern (385000), Ost-

Abb. 12: Das zerstörte Kiel nach Kriegsende. Bildmitte Rathausturm, Blick vom Kuhberg. (Stadtarchiv Kiel)

preußen (329000), Polen (80900), Danzig (78000), Schlesien (59700). 7 Landkreise beherbergen noch 1950 mehr Heimatvertriebene als Einheimische; für die soziale Lage der Flüchtlinge ist kennzeichnend, daß 94568 Haushaltungen mit 224269 Personen keinen Ernährer haben. Die durch diese Verhältnisse und die allgemeinen Auswirkungen des Zusammenbruchs entstandenen Nöte können erst mit der 1948/49 beginnenden politischen und wirtschaftlichen Festigung und mit Hilfe der anderen deutschen Länder allmählich überwunden werden.

Schleswig-Holstein untersteht zunächst der gesetzgebenden Gewalt der *britischen Militärregierung.* Der britische Gouverneur beauftragt den bisherigen Regierungsdirektor Dr. *Otto Hoevermann* mit der kommissarischen Leitung des Oberpräsidiums und ernennt ihn am 14. Mai 1945 zum Oberpräsidenten, beruft ihn aber bereits am 14. November 1945 wieder ab. Sein Nachfolger als Oberpräsident wird *Theodor Steltzer,* der sich vor 1933 als Landrat des Kreises Rendsburg besonders verdient gemacht hat. Nachdem durch Erlaß der Militärregierung vom 16. November 1945 die zivile Verwaltung des Regierungsbezirks Schleswig und die Befugnisse des bisherigen Regierungspräsidenten auf den Oberpräsidenten übergegangen sind, übernimmt seit dem 1. April 1946 das Oberpräsidium auch die Aufgaben der Provinzialverwaltung, die vor 1933 wichtige Selbstverwaltungsrechte wahrgenommen hatte. Nur zögernd gibt die Militärregierung den Wünschen nach Selbstbestimmung der deutschen Bevölkerung nach. Ein durch Verfügung vom 7. Februar 1946 berufener *„Provinzialbeirat“,* dessen 60 Mitglieder von der Militärregierung ernannt worden sind, ist als provisorischer Landtag im wesentlichen auf beratende Funktionen beschränkt, doch werden ihm bereits wichtige Teile der Landesverwaltung unterstellt. Die von ihm gewählten *„Hauptausschüsse“* für 7 Sachbereiche (Inneres, Haushalt und Finanzen, Landwirtschaft, Wirtschaft, Volksbildung, Volkswohlfahrt, Gesundheit) sind als Vorstufen der späteren Ministerialverwaltung gedacht. Am 14. Mai 1946 genehmigt der Gouverneur die Bezeichnungen *Landtag, Landesregierung, Landesräte.* Der Landtag verabschiedet am 12. Juni 1946 die demokratisch-parlamentarische „Vorläufige Verfassung des Landes Schleswig-Holstein“, deren praktische Anwendung von der Militärregierung hingenommen wird.

Ein weiterer entscheidender Schritt zur staatlichen Neuordnung ist die Verfügung der Militärregierung vom 23. August 1946. Bei *Auflösung des preußischen Staates* werden seine Provinzen und damit auch Schleswig-Holstein *„Länder“* innerhalb der britischen Besatzungszone, die Oberpräsidenten Ministerpräsidenten, die bisherigen Landesräte Minister. Die ersten freien Wahlen finden am 15. September 1946 in den Gemeinden Schleswig-Holsteins statt; Ergebnis in Prozentzahlen: SPD 35,2; CDU 32,1; FDP 7,2; KPD 4,4; DRP 0,3; Unabhängige 20,9. Doch sind auch in dem im November 1946 zusammenberufenen Landtag lediglich die Vertreter der

Kreise (Kreistagswahlen am 13. Oktober 1946) von der Bevölkerung gewählt, die übrigen Abgeordneten ernannt. Ministerpräsident Steltzer bildet sein Kabinett zu gleichen Teilen aus Mitgliedern der CDU und SPD. Am 20. April 1947 kann die Bevölkerung ihren Landtag zum erstenmal selbst wählen, nach einem von der Militärregierung bestimmten, überwiegend dem *Mehrheitswahlsystem* folgenden Verfahren, das die großen Parteien bevorzugt. Von den 70 Abgeordneten gehören 43 der SPD, 21 der CDU an. Ungewöhnlich ist bei dieser ersten freien Landtagswahl, daß 6 Abgeordnete die Interessen der *dänischen Minderheit* im Landesteil Schleswig vertreten.

Eine erhebliche Belastung für das Land bedeutet es, daß seit 1945 der *nationale Streit um Schleswig* wieder Unruhe in die Bevölkerung hineinträgt. In einem in der Geschichte des Nationalitätenproblems einzigartigen Vorgang schließen sich Zehntausende von Menschen in Südschleswig, die wenige oder keine Bindungen an Dänemark, seine Sprache und Kultur haben, einer „neudänischen" Bewegung an, um dort in dem seelischen und materiellen Zusammenbruch Schutz zu suchen vor den Folgen des verlorenen Krieges, vor Hunger, Krankheit, politischer Verfolgung, vor drohender Konfiskation und Zwangsarbeit und vor dem durch die Heimatvertriebenen entstandenen Bevölkerungsdruck. Der mit Genehmigung der Militärregierung als Dachorganisation des südschleswigschen Dänentums am 31. Januar 1946 gegründete *„Südschleswigsche Verein"* steigert von Januar bis Mitte 1948 seine Mitgliederzahl von 11 800 auf rund 75 000. Als politische Organisation des Dänentums in Südschleswig arbeitet seit 1948 der *„Südschleswigsche Wählerverband"* (SSW, Programm vom 25. Juni 1948). Noch vor der Gründung des SSW kann der Südschleswigsche Verein (SSV) bei den Wahlen zu den Kreistagen und den Stadtvertretungen im Landesteil Schleswig (Oktober 1946) beachtliche Erfolge erzielen: im ganzen 207 518 = 7,3% von 2 850 947 gültigen Stimmen. In den Landkreisen: Südtondern 36,7%, Eiderstedt 32,9%; Schleswig 30,3%; Flensburg-Land 23,3%. In der Stadt Flensburg, wo sich durch Abspaltung von der SPD eine dänisch ausgerichtete „Sozialdemokratische Partei Flensburg" gebildet hat, erhält diese von 39 Sitzen der Stadtvertretung 12, der SSV 21, zusammen 33 Sitze (SPD 2, CDU 2, FDP 1, KPD 1). Bei den Landtagswahlen 1947 werden für den SSV insgesamt 99 500 = 9,3%, in Flensburg-Stadt 60,7% der gültigen Stimmen abgegeben.

Die Südschleswigfrage wird in diesen Jahren auch Gegenstand von Verhandlungen zwischen Dänemark und den Siegermächten, insbesondere Großbritannien. Die dänische Regierung hat trotz mancher Schwankungen zu keiner Zeit den im südschleswigschen Dänentum lautgewordenen Wunsch nach einer *Grenzverschiebung* unterstützt, fordert aber von der Besatzungsmacht Verwaltungstrennung von Schleswig und Holstein, Entfernung der Flüchtlinge, Sicherung der Freiheitsrechte der dänischen Südschleswiger und Mitsprache bei einem künftigen Friedensvertrag. In der an die britische Regierung gerichteten *„Oktobernote“* 1946 weist Dänemark den Gedanken der Grenzveränderung, nicht zum letzten aus Zweifel an der Dauerhaftigkeit der dänischen Bewegung, zurück.

Nördlich der Grenze ist die *deutsche Minderheit in Nordschleswig* durch die Katastrophe Deutschlands hart getroffen worden; sie hat das Unheil zu büßen, das Hitlers Gewaltpolitik in den Beziehungen zwischen deutschem und dänischem Volk heraufbeschworen hat. Tausende deutscher Nordschleswiger werden verhaftet, viele auf Grund rückwirkender Strafgesetze verurteilt, ihr Vermögen beschlagnahmt, alle 89 Schulen der Minderheit enteignet. Dennoch schließen sich die Deutschen bereits 1945 in dem *„Bund deutscher Nordschleswiger“* zusammen; sie bekennen sich in ihrer Erklärung vom 25. November 1945 zu ihrem Volkstum und zur Loyalität gegenüber dem dänischen Staat; ihr Verzicht auf jede Grenzrevisionsforderung ebnet der Verständigung den Weg.

2. Schleswig-Holstein als Land der Bundesrepublik Deutschland

Die Landtagswahlen vom April 1947 ermöglichen die Bildung einer *Landesregierung* auf parlamentarischer Grundlage. Da die SPD mit 43 Abgeordneten die absolute Mehrheit der insgesamt 70 Sitze besitzt, wird eine ausschließlich sozialdemokratische Regierung, unter *Hermann Lüdemann* als Ministerpräsidenten, gebildet.

Ergebnisse der Landtagswahlen (Prozentzahlen, Mandate in Klammern)					
	CDU	SPD	FDP	SSW	GDP (DP/BHE)
1947	34,0 (21)	43,8 (43)	5,0 (–)	9,3 (6)	—
1950	19,8 (16)	27,5 (19)	7,1 (8)	5,5 (4)	33,0 (22)
1954	32,2 (25)	33,2 (25)	7,5 (5)	3,5 (–)	19,1 (14)
Ergebnisse der Bundestagswahlen					
	CDU	SPD	FDP	SSW	GDP (DP/BHE)
1949	30,7 (8)	29,6 (8)	7,4 (2)	5,4 (1)	12,1 (3)
1953	47,1 (14)	26,5 (7)	4,5 (1)	3,3 (1)	15,6 (4)
1957	48,1 (14)	30,8 (7)	5,6 (1)	2,5 (–)	12,1 (1)

Seit Gründung der Bundesrepublik Deutschland gehört ihr Schleswig-Holstein als Land an. Die **Landessatzung** vom 13. Dezember 1949 stimmt in ihrem demokratisch-parlamentarischen Charakter mit den Verfassungen der anderen Länder überein, enthält aber einen eigenen Artikel (5) über *Minderheitenrecht:* „Das Bekenntnis zu einer nationalen Minderheit ist frei; es

Abb. 13: Theodor Steltzer, CDU, Ministerpräsident 1946–1947. (Nordmark-Film, Kiel)

Abb. 14: Hermann Lüdemann, SPD, Ministerpräsident 1947–1949. (Nordmark-Film, Kiel)

entbindet nicht von den allgemeinen staatsbürgerlichen Pflichten." Die Stellung Schleswig-Holsteins innerhalb des gesamtdeutschen Staatswesens ergibt sich aus der „gliedhaften Einordnung" in die Bundesrepublik Deutschland; daher vermeidet die Landessatzung eine betonte Hervorhebung der „Eigenstaatlichkeit" und auch das Wort „Staat", sondern spricht nur vom „Land" Schleswig-Holstein. Sie folgt im übrigen den Grundsätzen der *Volkssouveränität* und der *Gewaltentrennung*. Die Landesregierung ist das „oberste Organ der vollziehenden Gewalt", der Ministerpräsident bestimmt die Richtlinien der Regierungspolitik und trägt dafür die Verantwortung (Art. 21 und 24). Die Gesetzgebung liegt beim Landtag, die Gesetzesinitiative steht seinen Mitgliedern oder der Landesregierung zu. Für die Rechtspflege sind unabhängige, nur Gesetz und Recht unterworfene Richter zuständig. Der Landtag wird auf 4 Jahre gewählt; seine praktische Arbeit wird in seinen Ausschüssen durchgeführt. Er kann dem Ministerpräsidenten das Mißtrauen nur dadurch aussprechen, daß er mit der Mehrheit seiner Mitglieder einen Nachfolger wählt (Art. 30, *„konstruktives Mißtrauensvotum"*). Versagt der Landtag dem Ministerpräsidenten das Vertrauen, so hat dieser das Recht, den Landtag aufzulösen; doch erlischt dieses Recht, sobald der Landtag mit Mehrheit einen anderen Ministerpräsidenten wählt (Art. 31). Verfassungsändernde Gesetze bedürfen einer ⅔-Mehrheit (Art. 32,2). Mittels solcher Gesetze sind später (20. November

1950) durch eine bürgerliche Majorität Teile des Art. 6 (über die sechsjährige *Grundschule* wie über die Schul- und Lernmittelfreiheit) abgeändert, der Art. 8 (*Agrarreform* aller über 100 ha oder einen Bodenwert von 50000 DM hinausgehenden „Landflächen") gestrichen worden.

Das *Wahlverfahren* (Neufassung des Art. 2 ergänzenden Wahlgesetzes vom 17. Juli 1959) bestimmt, daß von den 69 Abgeordneten des Landtags 42 durch relative Mehrheitswahl in 42 Wahlkreisen gewählt werden. Im Verhältnisausgleich treten mindestens 27 Abgeordnete aus den Landeslisten der Parteien hinzu; doch nehmen an ihm nur die Parteien teil, für die mindestens in *einem* Wahlkreis ein Abgeordneter gewählt worden ist oder insofern sie insgesamt 5 Prozent der im ganzen Land abgegebenen Stimmen erzielt haben *(„Fünf-Prozent-Klausel").*

Im Gegensatz zu anderen westdeutschen Ländern, die aus Territorien sehr verschiedener geschichtlicher Überlieferung zusammengefügt werden, erhält Schleswig-Holstein, im großen gesehen, eine Abgrenzung, die in hohem Maße mit seiner historischen Entwicklung übereinstimmt. Seit 1948 führt es wieder seine blau-weiß-roten Landesfarben und ein eigenes Landeswappen. (Gesetzliche Regelung 18. Januar 1957). Das Landeswappen zeigt in gespaltenem Schild rechts – heraldisch gesehen – auf goldenem Grund zwei blaue, nach innen gewandte, rot bewehrte Löwen, links in Rot ein silbernes Nesselblatt. *Diese Symbole sind nicht als Zeichen eines utopisch gewordenen Anspruchs auf staatliche „Souveränität" oder „Selbständigkeit" zu werten, sondern als die einer sich selbst verwaltenden Gesamtheit innerhalb einer größeren politischen Einheit, deren untrennbares Glied Schleswig-Holstein ist.*

Selbstverwaltung ist auch der Leitgedanke der im ersten Landtag beschlossenen *Gemeindeordnung* vom 24. Januar 1950 (in der Fassung vom 27. Februar 1950, vom 3. Februar 1951, 26. November 1956 und 9. Dezember 1957; Durchführungsverordnung vom 19. September 1959 in der Fassung vom 9. Dezember 1959) und *Kreisordnung* vom 27. Februar 1950 (Durchführungsverordnung vom 12. September 1959). 17 Kreise, 4 kreisfreie Städte (Kiel mit 270400, Lübeck mit 238000, Flensburg mit 96200, Neumünster mit 75200 Einwohnern; innerhalb der Kreise 50 Städte) und 1389 Landgemeinden bilden die Verwaltungseinheiten des Landes (Stand vom 31. Dezember 1964). In der Kommunalverfassung haben die Vertretungskörperschaften die entscheidende Stellung bei Erledigung der eigenen Angelegenheiten. *Bürgermeister* und *Magistrat* in den Städten leiten ihre Befugnisse grundsätzlich von den Vertretungen ab. Dem Bürgermeister (in den Städten) und dem *Landrat* (in den Kreisen) steht das Widerspruchs- und Beanstandungsrecht, dem Magistrat das Widerspruchsrecht zu.

In den *Gemeinden* ist die *Gemeindevertretung* das oberste Beschluß- und Kontrollorgan der Verwaltung; ihr Vorsitzender führt in den kreisfreien Städten die Bezeichnung *„Stadtpräsident"*, in Gemeinden mit hauptamtli-

Politische Einteilung Schleswig-Holsteins bis 1970

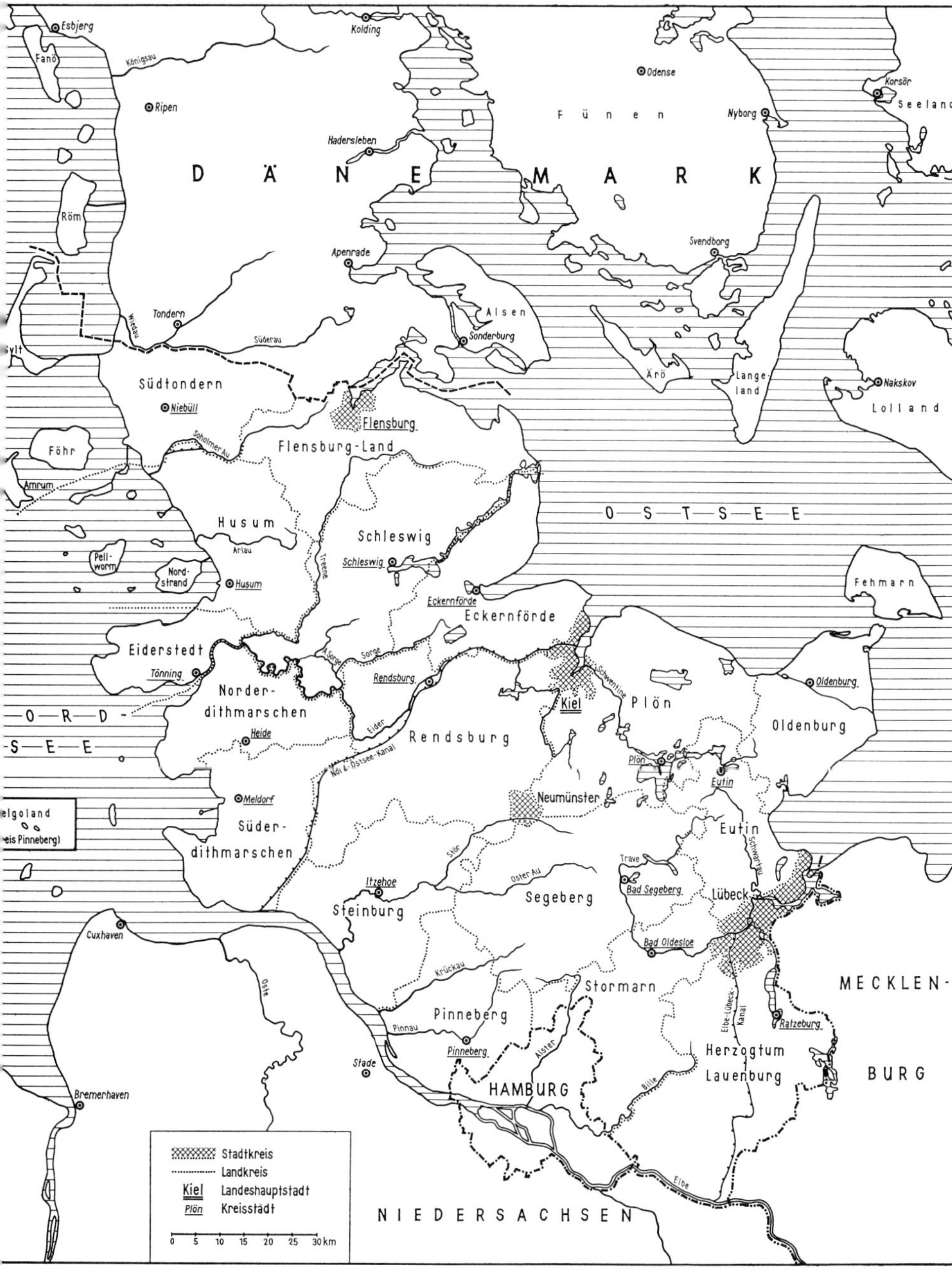

chen Bürgermeistern *„Bürgervorsteher"*. Die Leitung der Gemeinden ist in den hauptamtlich verwalteten Gemeinden (mit mehr als 3000 Einwohnern, diese Gemeinden führen zugleich die Verwaltungsgeschäfte des „Amtes") einem hauptamtlichen Bürgermeister übertragen, der auf 6 bis höchstens 12 Jahre gewählt ist. In den ehrenamtlich verwalteten Gemeinden ist der Vorsitzende der Vertretung zugleich Bürgermeister. In den Städten leitet der Magistrat als kollegiales Verwaltungsorgan die Verwaltung; der Bürgermeister ist Vorsitzender des Magistrats, der aus haupt- und ehrenamtlichen Stadträten gebildet wird.

Der *Kreis* ist als Verband der zu seinem Gebiet gehörenden Gemeinden tätig. Den Vorsitz im *Kreistag* führt der *„Kreispräsident"*; die Leitung des Kreises liegt beim *„Kreisausschuß"*, einem „kleinen Kreisparlament", das aus Mitgliedern der Kreisvertretung gebildet wird. Vorsitzender (und einziger Beamter) ist der *Landrat*, er führt die Beschlüsse des Kreistags aus und beaufsichtigt den Geschäftsgang, gewählt vom Kreistag „auf Zeit", mindestens für 6, höchstens für 12 Jahre. Das Wahlrecht in Gemeinden und Kreisen (geregelt im Gemeinde- und Kreiswahlgesetz vom 5. Dezember 1961) legt fest, daß 60% der Vertreter nach Mehrheitswahl in den Wahlbezirken, 40% im Verhältnisausgleich auf Grund von Listen bestimmt werden (Fünf-Prozent-Klausel wie im Landeswahlgesetz).

Eine Besonderheit der schleswig-holsteinischen Verwaltungsorganisation sind die *„Ämter"*, die sich als „Gemeindeverbände niederer Organisation" zwischen Gemeinden und Kreise schieben. (Am 31. Dezember 1964: 216 Ämter, denen 1267 Landgemeinden angehören; 68 Landgemeinden sind amtsfrei.) Die Rechtsgrundlage ist erst in der Amtsordnung vom 17. Juni 1952 geschaffen worden; Ausführungsanweisung vom 24. Juli 1952, Durchführungsverordnung vom 31. Dezember 1959. Die Ämter sind an die Stelle der bisherigen Amtsbezirke getreten, denen die staatliche Polizeiverwaltung auf dem Land oblag. Ihre Hauptaufgabe ist es, die Verwaltung der Gemeinden auf dem Land zu erleichtern, doch nehmen sie nur Selbstverwaltungsaufgaben wahr, die ihnen ausdrücklich übertragen sind. Oberstes Organ ist der aus den Bürgermeistern der amtsangehörigen Gemeinden bestehende *„Amtsausschuß"*; nach seinen Richtlinien leitet der *„Amtmann"* die Geschäfte des Amtes, er ist auch Vorsitzender des Ausschusses. Den Amtmännern ist wie den Landräten und Bürgermeistern die Durchführung der „weisungsgebundenen Angelegenheiten zur verantwortlichen Wahrnehmung gegenüber der Aufsichtsbehörde" (Innenminister) übertragen. Im Kreis Eutin sind die Gemeinden nicht zu Ämtern zusammengefaßt. Geschichtlicher Überlieferung entspricht es, daß in Norder- und Süderdithmarschen die Ämter *„Kirchspielslandgemeinden"* heißen, wie auch der Kreis Lauenburg weiterhin den Namen *„Landkreis Herzogtum Lauenburg"* führt. (Veränderungen i.d. Kommunalverwaltg. siehe weiter unten).

Der erste Landtag ist noch vielfach gehemmt durch die Reservatrechte der Militärregierung. Das sozialdemokratische Kabinett, in dem nach Rücktritt H. Lüdemanns (29. August 1949) *Bruno Diekmann* das Amt des Ministerpräsidenten übernimmt, bleibt an der Regierung, bis die Wahlen zum *zweiten Landtag* (9. Juli 1950) einen in vielfacher Hinsicht bedeutsamen *Wandel der parlamentarischen Mehrheitsverhältnisse* heraufführen. Außer dem Absinken der dänischen Stimmen (71864 = 5,4%) ist bei der Wahl bemerkenswert der große Erfolg einer neuen Partei, des *„Gesamtdeutschen Blocks“* (Bund der Heimatlosen und Entrechteten – BHE), auf Kosten der beiden großen Parteien, vor allem der SPD, die fast die Hälfte ihrer Mandate verliert. Anteil des BHE an gültigen Stimmen: 23,4%, zusammen mit der Deutschen Partei (DP) 33% = 22 Sitze im Landtag; CDU 16, FDP 8, SPD 19, SSW 4. Der Zusammenschluß der bürgerlichen Abgeordneten führt zur Bildung einer *Koalitionsregierung* unter Dr. *Walter Bartram* (CDU), der als Ministerpräsident im Juni 1951 von dem Landrat in Flensburg, *Friedrich Wilhelm Lübke*, abgelöst wird.

Die Tätigkeit der beiden ersten Landtage, der Eintritt in das Verfassungsleben, die Ordnung der Verwaltung des Landes im Sinne des freiheitlichen Rechtsstaats haben im Einklang mit der Entwicklung innerhalb der Bundesrepublik und der allmählichen Überwindung der Nachkriegsnöte die *Voraussetzungen für den Neubau von Wirtschaft und Gesellschaft* geschaffen. Von 1949 bis 1952 werden rund 1500 Betriebe mit rund 47000 Arbeitsplätzen neu eingerichtet, nachdem allein durch Demontage 120000–130000 Arbeitsplätze verlorengegangen waren. Eine Entlastung bedeutet die *Umsiedlung von Heimatvertriebenen* in wirtschaftlich besser gestellte Länder der Bundesrepublik (361000 Menschen vom 1. April 1949 bis zum 31. Dezember 1953). Die Insel *Helgoland*, die nach dem Kriege der britischen Luftwaffe als Bombenübungsziel diente, ist am 1. März 1952 wieder Schleswig-Holstein übergeben worden; seitdem beginnt auch auf ihr der friedliche Wiederaufbau. Vor allem wird der *Wohnungsbau* gefördert; in vorbildlicher Planung ersteht aus den Trümmern die Landeshauptstadt Kiel (erster Nachkriegsbürgermeister *Andreas Gayk* – SPD). Die Christian-Albrechts-Universität in Kiel, die einzige *„Landesuniversität“*, deren Gebäude im Krieg restlos zerstört oder schwer beschädigt waren, findet für die Theologische, Juristische und Philosophische Fakultät wie für die vorklinischen Institute seit Juli 1945 eine neue Wirkungsstätte in einem Fabrikgebäude am Westrand der Stadt. 1946 wird als 5. Fakultät die Landwirtschaftliche Fakultät gegründet. 1953/54 wird ein erstes Programm für den Aufbau und Neubau der Kliniken entworfen und vom Landtag verabschiedet. Während in den ersten Nachkriegssemestern die Zahl der Immatrikulationen einigermaßen konstant bleibt (etwa 3100–3300), sinkt sie im Wintersemester 1954/55 auf 2100, um jedoch im folgenden Jahrzehnt auf mehr als das Dreifache anzusteigen. Eine zweite *Pädagogische Hochschule* (außer der Kieler, die schon in der Weimarer Republik vorhanden war), entsteht nach dem Krieg in Flensburg-Mürwik.

Bei der Bedeutung der *Landwirtschaft* für Schleswig-Holstein gilt die besondere Sorge von Landesregierung und Landtag der Verbesserung der Agrarstruktur, der Förderung von Siedlung, Rationalisierung und Technisierung. Die *Siedlungstätigkeit* auf dem Land erfaßt auch die heimatvertriebenen Bauern; bis 1954 werden 10500 von ihnen angesiedelt. Auf lange Fristen ist das vor allem auf Initiative des Ministerpräsidenten Lübke seit 1953 ins Werk gesetzte **Programm Nord** berechnet. Es betrifft zunächst ein 110000 ha umfassendes Gebiet im Norden des Landes (schleswigsche Geest, nordfriesische Marsch) und hat eine durchgreifende *Agrarreform* zum Ziel, das in 3 „Investitionsstufen" erreicht werden soll: über regionale und interessengemeinschaftliche Maßnahmen (Neueindeichung, Ausbau von Erschließungsstraßen, Elektrifizierung, Wasserversorgung, Flurbereinigung, Windschutz, Aufforstung, Wirtschaftswegebau), über Verbesserung an Grundstücken und Gebäuden, Aussiedlung und Ansiedlung („Entfaltungsinvestition") wird als letzte Stufe die technische Neuordnung im Sinn der „Vollmechanisierung" angestrebt. Die vier Hauptarbeitsgebiete dieses Programms, *Flurbereinigung, Forstwirtschaft, Wasserwirtschaft, Verkehrsstraßen,* werden im wesentlichen durch Sondermittel des Bundes finanziert. Bis zum 31. März 1960 hat die Wasserwirtschaft rund 75% des Ausbauvolumens durchgeführt, bis zum gleichen Termin sind 165 landwirtschaftliche Betriebe ausgesiedelt, 803 km Wirtschaftswege gebaut und 431 ha Ödland kultiviert worden. Von 1950 bis 1964 sind in der Flurbereinigung 173 Verfahren mit einer Fläche von 162820 ha abgeschlossen worden. Im Zusammenhang mit diesem Programm stehen *Deichbau* und *Landgewinnung* an der Westküste. 1955 kann der dem Meer abgerungene „Friedrich-Wilhelm-Lübke-Koog" (in der Nähe des zur Insel Sylt führenden Hindenburgdamms) zum erstenmal unter den Pflug genommen werden.

Die Erfolge des BHE bei der Landtagswahl von 1950 zeigen, daß trotz allmählicher wirtschaftlicher Gesundung die innere Krise noch nicht überwunden ist. Der SSW hat zwar bei den Landtagswahlen 1950 (71864 Stimmen) und bei den *Kreistags- und Gemeindewahlen* vom 29. April 1951 (65967 Stimmen) Verluste zu verzeichnen; doch werden bei den Wahlen von 1951 im Kreis Husum noch 6297 dänische Stimmen (Reichstagswahl 1932: 6 Stimmen), im Kreis Eiderstedt 2462 dänische Stimmen (1932: 17 Stimmen) gezählt. In den ersten Nachkriegsjahren hat eine durch dänische Grenzvereine und den dänischen Staat unterstützte kulturpolitische Tätigkeit zur Gründung zahlreicher *dänischer Privatschulen* geführt. 1945 bestehen in Südschleswig 9 dänische Schulen mit 940 Schülern, im April 1951 besuchen 12463 Schüler 84 dänische Schulen.

Nachdem im Oktober 1948 England den Plan der *„Verwaltungstrennung"* abgelehnt und Dänemark auf den Weg der Verhandlung mit der Landesregierung verwiesen hat, finden von März bis Juli 1949 unter englischer Vermittlung Beratungen in Kiel statt, deren Ergebnis die **„Kieler Erklärung" vom 26. September 1949** ist. Von allen Parteien des Landtags gebilligt, gewährleistet sie den nationalen Minderheiten alle demokratischen Rechte und die Freiheit des nationalen Bekenntnisses. In einer Erklärung, die der dänische Staatsminister *Hans Hedtoft* am 27. Oktober 1949 vor Vertretern des Hauptvorstandes des „Bundes deutscher Nordschleswiger" in Kopenhagen abgibt (sogenannte *„Kopenhagener Erklärung"*), versichert er, daß der deutschen Minderheit in Nordschleswig die freiheitlichen und demokratischen Rechte zustehen, die in der dänischen Verfassung und Gesetzgebung festgelegt sind.

Seit der Entstehung eines deutschen Staates, seit der Konsolidierung der wirtschaftlichen Lage und der im Zeichen europäischer Zusammenarbeit stehenden Anbahnung freundschaftlicher Beziehungen zwischen der Bundesrepublik und Dänemark, beruhigen sich die Gegensätze im Grenzland. Ohne daß die kulturpolitische Aktivität der dänisch gesinnten Südschleswiger nachläßt, sinkt von 1951 an die Zahl ihrer bei den verschiedenen Wahlen abgegebenen Stimmen und die Mitgliederzahl des „Südschleswigschen Vereins". Bei den *Bundestagswahlen* vom 14. August 1949 war es dem „Südschleswigschen Wählververband" noch gelungen, einen Abgeordneten in den Bundestag zu schicken, jedoch nicht mehr bei der Bundestagswahl vom 8. September 1953 (44585 Zweitstimmen = 3,3%). Sowohl diese Wahl wie die zum *dritten Landtag* am 12. September 1954 zeigen eine *erneute Verschiebung der Parteiengruppierung;* es werden gewählt 25 Abgeordnete der CDU, 25 der SPD, 5 der FDP und 14 der „Gesamtdeutschen Partei" (BHE). Die *wahlberechtigte Bevölkerung hat sich damit in ihrer Mehrheit zu den großen Parteien bekannt;* gegenüber der Landtagswahl von 1950 hat der BHE 8 Mandate verloren, dagegen die CDU 9, die SPD 6 Mandate gewonnen. *Zum erstenmal seit den Wahlen zum Norddeutschen Reichstag von 1867 gleichen sich damit die schleswig-holsteinischen Wahlen den deutschen Verhältnissen* an. Das Kabinett der bürgerlichen Mehrheit (Koalition von CDU, BHE und FDP) wird nach dem Ableben F. W. Lübkes durch den neuen Ministerpräsidenten *Kai-Uwe von Hassel* (CDU) am 11. Oktober 1954 umgebildet.

Bei der Landtagswahl von 1954 ist der SSW mit 42242 Stimmen (= 3,5%) an der Schranke der „Fünf-Prozent-Klausel" des Wahlgesetzes gescheitert. In dem Wunsch, der dänischen Minderheit eine parlamentarische Vertretung im Land zu verschaffen, tritt im Herbst 1954 die Regierung Dänemarks an die Bundesregierung heran, die ihrerseits einige Beschwerden der deutschen Minderheit in Nordschleswig zu beseitigen hofft. Im Einvernehmen mit der Landesregierung wird Februar/März 1955 zunächst in Kopenhagen, dann in Bonn zwischen einer dänischen und einer deutschen Delegation verhandelt.

Am 29. März 1955 werden die „Grundsatzerklärungen" der beiden Regierungen unterzeichnet: Die in den Verfassungen beider Staaten verankerten demokratischen Grundrechte und ihre Anwendung auf die Behandlung der Minderheiten werden bekräftigt. Nach einstimmigem Beschluß des Landtags vom 23. Mai 1955 wird die dänische Minderheit von der Anwendung der Fünf-Prozent-Klausel bei Wahlen ausgenommen. Der dänische Reichstag hebt am 16. Mai 1955 das Verbot „weiterführender" (d. h. zum Examen führender) deutscher Schulen auf.

Bis zu diesem Zeitpunkt hatte sich auch die *deutsche Minderheit nördlich der Grenze* freier entwickeln können. 13 der beschlagnahmten Schulen werden zurückgekauft, neue Schulen gebaut. Durch Amnestiegesetze werden die bürgerlichen Rechte der Minderheitsangehörigen im wesentlichen wiederhergestellt. Bei den *Wahlen zum Folketing* (Reichstag) von 1953 und 1957 wird der Hofbesitzer *Hans Schmidt* aus *Oxbüll* (Insel Alsen) als deutscher Abgeordneter gewählt.

Mit den Bonner Erklärungen vom 29. März 1955 ist der Weg beschritten, der zum friedlichen Zusammenleben der Bevölkerung beiderseits der deutsch-dänischen Grenze führt und Schleswig-Holstein eine vermittelnde Aufgabe zwischen Deutschland und dem Norden Europas zuweist.

3. Weitere Entwicklung bis zur Gegenwart

Wahlen

Das Ergebnis der *Landtagswahlen* vom 28. September 1958 und 23. September 1962 ermöglicht es weiterhin einer bürgerlichen Mehrheit in der Landesvertretung, die Regierung zu bilden. Kennzeichnend für beide Wahlen ist, daß die CDU, die 1954 nicht mehr Mandate als die SPD gewann, zur stärksten Partei im Landtag wird und die Gesamtdeutsche Partei im Wahlbündnis mit der DP zwar 1958 noch 5 Abgeordnete ins Parlament entsenden kann, aber seit 1962 in ihm nicht mehr vertreten ist. Der SSW verdankt der Ausnahme von der Einschränkung der Fünf-Prozent-Klausel zwei Sitze 1958 und 1962 einen Sitz. Zahl der Stimmen für den SSW: 1958 – 34 136; 1962 – 26 883. Keine der in Schleswig-Holstein bestehenden Splitterparteien, wie der Bund der Deutschen, die Deutsche Friedens-Union oder die Freisoziale Union, hat bei einer Bundestags- oder Landtagswahl Erfolg gehabt.

Allerdings gelingt es der rechtsradikalen NPD – entsprechend einem bundesweiten Trend – aufgrund der Landtagswahl von 1967, vier Abgeordnete in den Landtag zu entsenden. Jedoch schrumpft die Anhängerschaft dieser Partei in den folgenden Jahren mehr und mehr zusammen (1967:

5,8%; 1971: 1,3%; 1979: 0,2%). Bedeutungslos bleiben auch die Stimmenanteile der DKP, die bei der Bundestagswahl von 1980 nur noch 0,1% der Stimmen zu gewinnen vermag. Die *Grünen* waren zunächst bei den Kommunalwahlen erfolgreich, 1982 mit einem durchschnittlichen Anteil von 3,1%. Die Bundestagswahl 1983 bringt sie auf 5,2%, damit auf einen Abgeordneten aus dem Land. Dies Ergebnis vermögen sie jedoch bei der fast gleichzeitigen Landtagswahl nicht zu halten: ihr Anteil sinkt auf 3,6%. – Die FDP, die sich 1971 noch in der Phase der Neuorientierung befindet (Aufkündigung der Koalition mit der CDU, Koalitionsaussage zugunsten der SPD unter Jochen Steffen), erhält in diesem Jahr nicht die erforderlichen 5% bei der Landtagswahl und ist daher für die folgende Legislaturperiode nicht im Landesparlament vertreten. Noch schwerer ist die Niederlage der Liberalen bei den Märzwahlen 1983, denen sie sich mit unterschiedlichen Koalitionsaussagen (Bund: CDU; Land: SPD) stellen. Bei der Bundestagswahl verliert die FDP mehr als die Hälfte des bisherigen Wähleranteils. Die Wahl zum Landtag beschert der Partei nur 2,2%, so daß sie abermals nicht im Landesparlament vertreten ist.

Sehr unterschiedlich schneiden die beiden großen Parteien, CDU und SPD, jeweils bei den Wahlen zum Bundestag und zum Landtag ab, wie die folgenden Tabellen zeigen (Prozentzahlen, Mandate in Klammern):

Ergebnisse der Bundestagswahlen

	CDU	SPD	FDP
1961	41,8 (13)	36,4 (8)	13,8 (3)
1965	48,2 (11)	38,8 (8)	9,4 (2)
1969	46,2 (10)	43,5 (10)	5,2 (1)
1972	42,0 (9)	48,6 (11)	8,6 (2)
1976	44,1 (10)	46,4 (10)	8,8 (2)
1980	38,9 (9)	46,7 (11)	12,7 (3)
1983	46,5 (10)	41,7 (9)	6,3 (1)

Ergebnisse der Landtagswahlen

	CDU	SPD	FDP	SSW	GDP	NPD
1958	44,4 (33)	35,9 (26)	5,4 (3)	2,8 (2)	9,7 (5)	—
1962	45,0 (34)	39,2 (29)	7,9 (5)	2,3 (1)	4,2 (–)	—
1967	46,0 (34)	39,4 (30)	5,9 (4)	1,9 (1)	—	5,8 (4)
1971	51,9 (40)	41,0 (32)	3,8 (–)	1,4 (1)	—	1,3 (–)
1975	50,4 (37)	40,1 (30)	7,1 (5)	1,4 (1)	—	0,5 (–)
1979	48,3 (37)	41,7 (31)	5,7 (4)	1,4 (1)	—	0,2 (–)
1983	49,0 (39)	43,7 (34)	2,2 (–)	1,3 (1)	–	–

Abb. 15: Kai-Uwe von Hassel, CDU, Ministerpräsident 1954–1963, (CDU Bundesgeschäftsstelle)

Abb. 16: Dr. Helmut Lemke, CDU, Ministerpräsident 1963–1971. (Foto Zacharias, Kiel)

Aus den Bundestagswahlen der siebziger Jahre geht die SPD als überlegene politische Kraft hervor, während die CDU in der Landespolitik durchweg stärkeren Zuspruch findet. 1971 vermag die CDU die absolute Mehrheit der Stimmen und der Landtagssitze zu gewinnen; die absolute Mehrheit der Mandate behält sie auch bei den folgenden Wahlen.

Bis zum 7. Januar 1963 bleibt *Kai-Uwe von Hassel* Ministerpräsident, sein Nachfolger wird *Dr. Helmut Lemke*, vorher eine Zeitlang Kultusminister, dann Innenminister. Nach der Wahl von 1967 setzt Lemke (CDU) die bisherige Koalition mit der FDP fort.

Mit dem Gesetz v. 20. 11. 1979 wird die Zahl der Abgeordneten von 73 auf 74 erhöht. Freilich wird diese Regelung erst mit der Landtagswahl 1983 wirksam. Es sind seitdem 44 Abgeordnete in den Wahlkreisen, 30 durch Verhältniswahl aufgrund der Listen zu wählen.

Von 1971 an stellt die CDU allein die Regierung. Am 24. Mai dieses Jahres wird *Dr. Gerhard Stoltenberg* als Nachfolger Dr. Lemkes zum Ministerpräsidenten gewählt; er bleibt bis zu seiner Ernennung zum Bundesminister der Finanzen (Oktober 1982) Regierungschef. Am 14. Oktober 1982 wählt der Landtag den bisherigen Innenminister *Dr. Dr. Uwe Barschel* zum Ministerpräsidenten.

Abb. 17: Dr. Gerhard Stoltenberg, CDU, Ministerpräsident 1971–1982. (Staatskanzlei, Kiel)

Abb. 18: Dr. Dr. Uwe Barschel, CDU, Ministerpräsident seit 1982. (Staatskanzlei, Kiel)

Die Gebietsreform von 1970

Das wichtigste innenpolitische Ereignis des Jahres 1970 ist die **Regional- und Kommunalreform** im dän. Nordschleswig und in Schleswig-Holstein.

Die seit langem vorbereitete, am 1. April 1970 ins Leben getretene Reform in *Dänemark* schafft 13 Großämter (Sekundärkommunen, Amtskommunen) anstatt der bisherigen 22 Ämter und Großgemeinden; die bis dahin amtsfreien Städte werden in die Ämter eingegliedert. Für die deutsche Volksgruppe ist von Bedeutung, daß damit ein *Großamt Nordschleswig* (Sitz der Verwaltung in Apenrade) gebildet wird (den sønderjyske amtskommune). Im Parlament des Großamtes gibt es zunächst einen Vertreter der deutschen Volksgruppe, von den 183 Kommunalvertretern stellt die deutsche Minderheit anfangs insgesamt 20 in 11 der neuen Großgemeinden.

Fast zur gleichen Zeit wird in *Schleswig-Holstein* eine *Reform der Verwaltung* auf Gemeinde- und Kreisebene durchgeführt. Das Erste Gesetz einer Neuordnung von Gemeinde- und Kreisgrenzen vom **22. April 1969** bestimmt, daß 2 Gemeinden des Kreises Pinneberg und 2 des Kreises Stormarn zur neuen Stadt *Norderstedt* zusammengeschlossen werden sollen; Norderstedt wird dem Kreis Segeberg eingeordnet.

D – 4880

DIE KREISE SCHLESWIG-HOLSTEINS

am 31. Dezember 1979

(letzte Änderung: 24. März 1974)

Quelle: Statistisches Jahrbuch Schleswig-Holstein 1980

Viel bedeutsamer ist das Zweite Gesetz einer Neuordnung von Gemeinde- und Kreisgrenzen sowie Gerichtsbezirken, das am Tage der Neuwahlen zu den Gemeinde- und Kreisvertretungen, am **26. April 1970**, in Kraft tritt. Die Zahl der 17 Kreise wird auf 12 vermindert, 9 Kreise werden aufgelöst und zu 4 größeren Kreisen verbunden: Dithmarschen, Nordfriesland, Rendsburg-Eckernförde, Ostholstein. Das Gebiet der 4 kreisfreien Städte Lübeck, Kiel, Flensburg, Neumünster wird durch Eingemeindungen erweitert, wobei sich das Stadtgebiet von Neumünster um mehr als das Doppelte vergrößert.

Mit dem Tag der Kommunalwahl 1974 (24. 3.) wird der Kreis Flensburg – Land aufgelöst und mit dem Kreis Schleswig zum Kreis Schleswig-Flensburg vereinigt, so daß das Land nunmehr in 11 Kreise unterteilt ist. Die neuen Kreisgrenzen wurden nach planerisch-ökonomischen Gesichtspunkten, zugleich aber in enger Anlehnung an historisch-kulturelle Überlieferungen und Entwicklungen gezogen. Zur Gebietsreform gehört auch die *Neuordnung der Ämter und Gemeinden*. Nach den Leitlinien der Landesregierung v. 10. 7. 1973 soll eine amtsangehörige Gemeinde nicht weniger als Tausend Einwohner zählen. Der freiwillige Zusammenschluß vieler kreisangehöriger Gemeinden hat dazu geführt, daß sich ihre Zahl von 1371 im Jahre 1959 auf 1128 im Jahre 1980 verringert hat.

Kreise und Gemeinden sollen im Zusammenwirken alle Aufgaben der örtlichen Selbstverwaltung erfüllen. Sowohl die Kreisordnung als auch die Gemeindeordnung (jeweils in der Fassung v. 11. 11. 1977) schreiben eine *bürgernahe Lokalverwaltung* vor: *„Bei allen wichtigen Planungen und Vorhaben der Gemeinde, die unmittelbar raum- oder entwicklungsbedeutsam sind oder das wirtschaftliche, soziale oder kulturelle Wohl ihrer Einwohner nachhaltig berühren"* sind die Einwohner *„möglichst frühzeitig über die Grundlagen, Ziele und Auswirkungen" zu unterrichten* (Gemeindeordnung § 16 a).

Natürlich sind auch die Ämter von der Gebietsreform betroffen; ihre Grenzen sind ebenfalls vielenorts ausgedehnt worden, so daß sich ihre Zahl erheblich verminderte, und zwar von 199 im Jahre 1968 auf 119 im Jahre 1980. Die Ämter, deren Verwaltung der Amtsvorsteher leitet, sollen in der Regel nicht weniger als 5000 Einwohner umfassen (Amtsordnung i.d. Fassg. v. 11. 11. 1977).

Die Kreis und Kommunalreform leitet zugleich eine *Gerichtsreform* ein; die Zahl der Amtsgerichte wurde um 26 auf 34 reduziert.

Schleswig-Holstein, dessen Kreise schon vorher die im Durchschnitt größte Fläche in der Bundesrepublik hatten, steht damit infolge der Gebietsreform an der Spitze aller Bundesländer. Ein Kreis hat nunmehr ein durchschnittliches Areal von 1269 qkm, mehr als doppelt so viel, wie es dem Durchschnitt aus sämtlichen Flächenstaaten der Bundesrepublik entspricht, wie auch die kreisfreien Städte mit 112 qkm im Durchschnitt die größte Fläche einnehmen.

Landesplanung, Bevölkerung

Zukunftsbezogen ist naturgemäß auch die Landesplanung, der in den vergangenen zwei Jahrzehnten zunehmend große Bedeutung beigemessen wurde. Ihre Aufgabe ist es, eine *den wirtschaftlichen, sozialen, kulturellen und landschaftlichen Erfordernissen entsprechende Ordnung und Entwicklung im Lande zu gewährleisten.* Grundlegend sind dafür – außer dem Bundesraumordnungsgesetz v. 1965 – das Landesplanungsgesetz in der Fassung vom 24.6.1981 (erstmalig 1961 verabschiedet), das Gesetz über Grundsätze zur Entwicklung des Landes in der Fassung vom 22.9.1981 sowie der Raumordnungsplan v. 11.7.1979. Das Land ist in fünf Planungsräume unterteilt, für die Regionalpläne aufgestellt worden sind. Außerdem orientiert sich die Landesplanung an einem Netz zentraler Orte unterschiedlichen Grades. Die enge Verflechtung des holsteinischen Raumes mit Hamburg erfordert eine intensive Zusammenarbeit beider Länder. Bereits 1955 wurde daher ein Gemeinsamer Landesplanungsrat Hamburg-Schleswig-Holstein gebildet.

Erst ab Mitte der fünfziger Jahre, nach der Umsiedlung von etwa 370 Tausend Menschen (hauptsächlich Flüchtlinge und Vertriebene) in andere Bundesländer beginnt sich die Bevölkerungsentwicklung im Lande zu normalisieren. Die Bevölkerungszahl ist seitdem nahezu ununterbrochen angestiegen.

Bevölkerung in Millionen

1957: 2,257	1970: 2,494
1960: 2,294	1982: 2,618

Freilich ist der Geburtenüberschuß seit der Mitte der sechziger Jahre stetig zurückgegangen. Von 1972 an ist ein ansteigender Sterbeüberschuß zu registrieren, der durch den verhältnismäßig hohen Anteil älterer Menschen an der Gesamtbevölkerung zu erklären ist. Diese Feststellung ist übrigens für die gesamte Bundesrepublik zu treffen. Es sind demnach Wanderungsgewinne, insbesondere Zuzüge aus Hamburg, die in den zurückliegenden zehn Jahren zu einem Anstieg der Einwohnerzahl geführt haben. Am dichtesten besiedelt ist der Raum Südholstein und hier wiederum der Kreis Pinneberg (1979: 391 Einw./km^2); die geringste Bevölkerungsdichte hat der Landesteil Schleswig aufzuweisen, und zwar in den Kreisen Schleswig-Flensburg (1979: 87 Einw./km^2) und Nordfriesland (1979: 79 Einw./km^2). Unter den vier kreisfreien Städten hat Kiel die größte Einwohnerzahl: 250062; es folgen Lübeck: 220588, Flensburg: 87862 und Neumünster: 80145 (Stand: 31. 12. 1980).

Wirtschaft

a) Der Aufbau

Wirtschaft und Handel stehen in den ersten 15 Jahren des Bundeslandes im Zeichen des Aufbaus, des Aufschwungs und des Ausgleichs sozialer Spannungen.

Die Zahl der Arbeitslosen (1949: 189 000) wird bis 1960 auf 11 710 herabgedrückt, so daß die *Vollbeschäftigung* erreicht ist. 1964 gibt es nur noch 6 356 Arbeitslose, dagegen 17 439 offene Stellen. Die industrielle Erzeugung hat 1956 die von 1936 bei weitem übertroffen (1936 = 100%, 1956 = 177%). Nimmt man 1958 (= 100%) als Vergleichsjahr, so wächst die industrielle Erzeugung 1964 auf 132%. Von 1950 bis 1964 sind 434 Industrie- und Gewerbebetriebe neu entstanden. Die Zahl der in der Industrie arbeitenden Personen erhöht sich von 118 560 Ende September 1950 auf 176 557 Ende September 1962.

Der *Nettoproduktionswert der Industrie* (ohne Bau- und Energiewirtschaft) steigt von 896 Millionen DM im Jahre 1950 auf etwa 2 930 Millionen DM im Jahre 1961. Dabei steht die Nahrungs- und Genußmittelindustrie bei weitem an erster Stelle (615 Millionen DM), es folgen Maschinenbau (344 Millionen DM), Elektrotechnik, Feinmechanik und Optik (300 Millionen DM), Chemie und Mineralölverarbeitung (298 Millionen DM) und die anderen Industriezweige, von denen der *Schiffbau,* vor allem im Bau von Handelsschiffen, internationale Bedeutung hat. 1963 sind 12 Seeschiffswerften vorhanden; 1958 haben sie das bisher größte Jahresergebnis durch den Bau von 89 Schiffen mit insgesamt rund 433 000 BRT erzielt. Schleswig-Holstein produziert zwischen 4 und 5% des Neubauvolumens aller Werften der Welt.

Mißt man das wirtschaftliche Wachstum an den jährlichen Zuwachsraten des *Bruttoinlandsprodukts,* so liegt Schleswig-Holstein in den ersten Jahren nach 1950 unter dem Durchschnitt der Bundesrepublik, hat aber seitdem die gesamtwirtschaftlichen Zuwachsraten übertroffen. 1963 betragen die Anteile am Bruttoinlandsprodukt in der Land- und Forstwirtschaft 12,9% (Bundesrepublik 5,8%), im produzierenden Gewerbe 46,1% (Bundesrepublik 56,1%), im Handel 13,9% (Bundesrepublik 13,3%).

Von 1950 bis 1961 zeigen sich bedeutsame *strukturelle Veränderungen der Erwerbstätigkeit in den einzelnen Wirtschaftsgruppen.* Dabei ist die wichtigste Tatsache die *Abnahme der Erwerbstätigen in der Land- und Forstwirtschaft, Tierhaltung und Fischerei.* In diesen Berufen sind 1950 27%, 1961 16,1%, im produzierenden Gewerbe 1950 33,6%, 1961 39,1% der Erwerbstätigen beschäftigt, im Handel und Versicherungswesen, im Verkehr und in den Dienstleistungsbereichen 1950 39,5%, 1961 44,8%. Bis 1962 nimmt die Gesamtzahl der Erwerbstätigen um rund 14% zu. Die Zuwachsrate im industriellen Gewerbe liegt über 32%, sie beträgt in den privaten und öffentlichen Dienstbereichen fast 30%. In der Landwirtschaft und den ihr verwandten Berufen geht jedoch die Zahl der Beschäftigten um mehr als 32% zurück. Dieser Entwicklung entspricht beim *Sozialprodukt* ein Anwachsen der Beiträge des produzierenden Gewerbes und der Dienstleistungsbereiche von 38,2% 1950 auf fast 45% 1961, während der Anteil der Landwirtschaft von 19,6% auf 12,5% absinkt. Im ganzen liegt Schleswig-Holstein trotz günstiger Entwicklung des Bruttoinlandsprodukts je Einwohner noch unter den vergleichbaren Zahlen im Bundesgebiet. Das *Steueraufkommen* ist zwar 1951 bis 1961 von rund 1 Milliarde DM auf nahezu 2,5 Milliarden gestiegen, aber lange nicht in dem Maße wie im übrigen Bundesgebiet; Schleswig-Holstein ist immer noch das steuerschwächste Land der Bundesrepublik bezogen auf die Zahl der Einwohner. 1979 waren es 9,418 Milliarden DM, das sind etwas mehr als 3600 DM je Einwohner.

b) Tendenzen und Probleme der Gegenwart

Auch in Schleswig-Holstein ist die Wirtschaftspolitik nach der teils euphorischen Phase des Wiederaufbaus und des „Wirtschaftswunders" inhalts- und problemreicher geworden. Ihre hauptsächlichen *Aufgaben* und *Ziele* sind: *Anpassung der Landwirtschaft an die moderne Entwicklung, Küstenschutz und Wasserwirtschaft, Ausbau der Verkehrswege, der Industrie und der Energiewirtschaft, Sicherung der Wettbewerbsfähigkeit der Werftindustrie und der Reedereien, Sicherung bestehender und Schaffung neuer Arbeitsplätze.* Dazu gehört aber auch: *Schutz der Natur, der Landschaft und ihrer Kulturdenkmäler.* Überdies hat Schleswig-Holstein in Wirtschaft und Handel ebenfalls seiner historischen Rolle gerecht zu werden, als *Bindeglied zwischen Mittel- und Nordeuropa* zu wirken.

Freilich wird die wirtschaftliche Entwicklung des Landes nach wie vor durch seine *Randlage* erschwert, durch seine weite Entfernung von den Bezugs- und Absatzmärkten des Bundesgebiets und der europäischen Industrie- und Ballungszentren. Bis 1973, bis zum Eintritt Dänemarks, Großbritanniens und Irlands in die EG lag das Land zudem an der Randzone der EWG; die Grenze zu Dänemark war zugleich Zollgrenze zwischen den beiden Wirtschaftsgemeinschaften EWG und EFTA. Das Land vermag nunmehr seine Brückenfunktion leichter zu erfüllen als zuvor.

Trotz seiner wirtschaftsgeographischen Randlage hat Schleswig-Holstein – nicht zuletzt aufgrund regionalpolitischer Förderung durch den Bund und durch die Landesregierung – seit der Mitte der fünfziger Jahre ein *überdurchschnittliches Wirtschaftswachstum aufzuweisen.* Mißt man es am *Bruttoinlandsprodukt,* so hatte das Land 1961 eine Zuwachsrate von 11,2% (Bund 9,6%); 1980 waren es 7,6% (Bund 7,1%). In der Zeit von 1960 bis 1978 erhöhte sich das Bruttoinlandsprodukt insgesamt von 9,8 auf 44,4 Milliarden DM um 353% (Bund 324%).

Das wirtschaftliche Wachstum war und ist nicht zuletzt durch eine stetige Anpassung der Wirtschaftsstruktur an sich wandelnde Bedingungen und Bedürfnisse sowie durch Verbesserung der Branchen- und Betriebsstrukturen bedingt. Solche Maßnahmen hatten eine *überdurchschnittliche Zunahme der gesamtwirtschaftlichen Produktivität* zur Folge; sie lag 1960 noch um 5% unter der des Bundes; bis 1975 verringerte sich der Abstand auf 1%. Jedoch hat die allgemeine Rezession um die Mitte der siebziger und zu Anfang der achtziger Jahre, verbunden mit wachsender Arbeitslosigkeit, eine fortschreitende Verbesserung der wirtschaftlichen Struktur und der Produktivität erheblich erschwert. So betrug das Produktivitätsgefälle gegenüber dem Bund im Jahre 1978 8,7%. Mit einer Arbeitslosenquote von 9,1 liegt Schleswig-Holstein 1982 unter den Bundesländern an vierter Stelle (Bundesdurchschnitt 7,5). Noch 1978 hatte die Quote des Landes mit 3,9 der des Bundes entsprochen.

Die Besonderheit der Sozial- und Wirtschaftsstruktur Schleswig-Holsteins im Vergleich mit anderen Ländern der Bundesrepublik liegt darin, daß es insofern als *Agrarland* betrachtet werden kann, als etwa 70% seiner Fläche von ländlichen Gemeinden eingenommen werden. Aber nur 22% der Einwohner leben in Gemeinden mit weniger als 2000 Einwohnern, mehr als 41% in Gemeinden mit mehr als 20 000 Einwohnern. Die landwirtschaftliche Nutzfläche des Bodens beträgt etwa 70% (Bundesgebiet 50%), jedoch der Anteil der Landwirtschaft an den Erwerbstätigen 1964 13% und 1979 nur noch 7%. Obwohl die in Land- und Forstwirtschaft, Tierhaltung und Fischerei Beschäftigten die niedrigste Quote ausmachen und der Anteil von Industrie und Handwerk am Bruttoinlandsprodukt 1964 fast viermal, 1978 gut siebenmal so hoch ist wie der der Landwirtschaft, hat Schleswig-Holstein *den größten Anteil des Bruttoinlandprodukts an Land- und Forstwirtschaft in der Bundesrepublik:* 1964 sind es 12,3% gegenüber 4,9% im gesamten Bundesgebiet; 1978 sind es 7,0% gegenüber 2,6%. Mit 7% der Beschäftigten erreicht die schleswig-holsteinische Landwirtschaft also einen ebenso hohen Anteil am Bruttoinlandsprodukt. Dies ist eine einmalige Bilanz in der EG. Sie wurde durch vielfältige Maßnahmen der Strukturumwandlung und -verbesserung erreicht. 1949 hatte das Land noch etwa 54 000 landwirtschaftliche Betriebe; 1979 sind es nicht mehr als 31 000. Die Durchschnittsgröße der Betriebe wuchs in dieser Zeit von 20 auf rund 36 Hektar (Bundesdurchschnitt 17 ha). Die Zahl der Beschäftigten nahm im gleichen Zeitraum von 247 000 auf 63 000 ab. *Aus einer arbeitsintensiven ist eine kapitalintensive Landwirtschaft geworden.*

Bei der Bedeutung, die der Landwirtschaft in der Gesamtwirtschaft zukommt, hat die Landesregierung sie stets gefördert, vor allem durch Ausweitung des *„Programms Nord"*. Seit 1960 umfaßt es ein Gebiet von über

540 Tausend Hektar, fast den gesamten Landesteil Schleswig, Dithmarschen und den größten Teil des Kreises Steinburg. Seit 1973 wird dieses Programm sowie der Küstenplan im Rahmen der Gemeinschaftsaufgabe „Verbesserung der Agrarstruktur und des Küstenschutzes" finanziert.

Nach der großen Sturmflut vom 16./17. Februar 1962 wird von der Landesregierung der *„Generalplan Deichverstärkung, Deichverkürzung und Küstenschutz"* aufgestellt und 1977 fortgeschrieben. Er enthält seitdem auch *Grundsätze zum Naturschutz und zur Landschaftspflege.* Es ist u. a. eine Verkürzung der Außendeiche des Festlandes von 500 km auf 290 km vorgesehen. Durch den Bau des Eidersperrwerks in der Trichtermündung des Flusses (1967–1973) und durch die Vordeichung der Meldorfer Bucht (1978) sind bereits wesentliche, technisch und finanziell aufwendige Teile dieses Programms verwirklicht. Ein deutsch-dänisches Gemeinschaftswerk stellt die grenzübergreifende Vordeichung der Tonderner Marsch dar, die im Mai 1982 abgeschlossen wurde. Mit der Vordeichung der Nordstrander Bucht soll jetzt begonnen werden.

Durch die Randlage des Landes erklärt sich zum guten Teil der verhältnismäßig *niedrige Grad seiner Industrialisierung.* Je Tausend Einwohner sind 1980 nur 70 im verarbeitenden Gewerbe beschäftigt. Das ist die niedrigste Quote der Bundesländer (Bundesdurchschnitt 124). Der Anteil des verarbeitenden Gewerbes am Bruttoinlandsprodukt beträgt 1979 27,6% (Bund 37,1%). – Die hochentwickelte Landwirtschaft Schleswig-Holsteins ist dem Aufbau einer leistungsfähigen Nahrungsmittelindustrie zugute gekommen. Ebenso bietet das Land günstige Standortbedingungen für die Baustoffindustrie. Große Anstrengungen zur Verbesserung und Sicherung der Wirtschaftsstruktur und zur Errichtung neuer Arbeitsplätze unternimmt das Land im *Raum Brunsbüttel,* am Kreuzungspunkt von Elbe und Nord-Ostsee-Kanal. Hier ist eine große Hafenanlage gebaut worden (1964–1978): die Landeshäfen in Brunsbüttel, der Landesölhafen, der Tiefwasserhafen an der Elbe, der Hafen Ostermoor. Dieser differenzierte Hafenkomplex, der von der Schiffahrt in hohem Maße genutzt wird, steht in engem Zusammenhang mit der von der Landesregierung geförderten *Industrieansiedlung* – Werke der chemischen Großindustrie – in diesem Raum. Hier wurde 1976 das erste *Kernkraftwerk* des Landes in Betrieb genommen. Zwei Kernkraftwerke, Krümmel (Geesthacht) und Brokdorf an der Unterelbe, werden zur Zeit gebaut. Vor allem um das letztgenannte Kraftwerk ist es zu leidenschaftlichen Diskussionen und keineswegs immer gewaltfreien Demonstrationen gekommen.

Zu den traditionellen Industriezweigen des Landes gehört der *Schiffbau,* der im Küstenland Schleswig-Holstein gleichsam seinen natürlichen Standort hat. Eine Großwerft, fünf Werften mittlerer Größe und sieben kleinere Werften beschäftigen 1979 etwa 18 Tausend Arbeitnehmer. Die Werften haben sich im Laufe des letzten Jahrzehnts zunehmend auf den *Bau von*

Abb. 19: Der neue Weg nach Norden. Brücke über den Fehmarnsund (Vogelfluglinie). (Horst Brix, Kiel, Luftbild-Freigabe-Nr. SH 378/115)

Spezialschiffen konzentriert. Für diesen wichtigen Industriezweig, von dem eine große Zahl von Zulieferbetrieben abhängig ist, konnte die weltweite Krise im Schiffbau nicht ohne nachteilige Folgen bleiben.

Mehr und mehr hat die „weiße Industrie“, der *Fremdenverkehr*, seit Beginn der fünfziger Jahre an Bedeutung gewonnen. Während im Jahre 1952 50 Tausend Betten zur Verfügung standen und die weiße Industrie einen Umsatz von 100 Millionen DM erzielte, sind es 1970 250 Tausend Betten; der erreichte Umsatz beträgt 1,6 Milliarden DM. Zu den bemerkenswertesten unter den zahlreichen Einrichtungen und Anlagen, die für Ferien und Erholung geschaffen wurden, zählt das Anfang der siebziger Jahre angelegte Ferienzentrum ‚Damp 2000‘ an der Eckernförder Bucht.

Verkehr

Von den Maßnahmen auf dem *Verkehrssektor* ist zunächst der 1961 fertig gewordene Bau eines 1 278 m langen Tunnels zu nennen, der die Europastraße 3 bei Rendsburg unter dem Nord-Ostsee-Kanal hindurchleitet. Für die Verbindung von der Ostseeküste zum Norden bestand seit 1951 eine Fährlinie zwischen Großenbrode und Gedser (Insel Falster), seit 1963 wird eine kombinierte Eisenbahn- und Straßenbrücke über den Fehmarnsund benutzt, mit der die von Puttgarden (Fehmarn) nach Dänemark (Rødby auf der Insel Lolland) verkehrenden Fährschiffe erreicht werden *(„Vogelfluglinie“)*. Die Europastraße 4 führt von Kopenhagen über Fehmarn, Lübeck,

Hamburg, Bern nach Lissabon. Sie ist in Schleswig-Holstein bis Oldenburg als Autobahn ausgebaut. In den letzten Jahren hat auch der Fährschiffsverkehr von Kiel und Lübeck nach Nordeuropa ständig zugenommen.

1972, im Jahr der olympischen Segelwettkämpfe in der Kieler Bucht. wird die *Autobahnstrecke Hamburg – Neumünster – Kiel* dem Verkehr übergeben. Die Fortsetzung (Abzweiger) Neumünster – Flensburg – Dänemark) wird in den folgenden Jahren gebaut; 1979 wird dieser Teil in Anwesenheit des Bundespräsidenten und der dänischen Königin freigegeben. Diese Strecke überquert den Nord-Ostsee-Kanal über die ebenfalls neu gebaute Rader Autobahn-Hochbrücke östlich von Rendsburg. Sie wurde 1972 fertiggestellt, ebenso wie die zweite Straßenhochbrücke über den Kanal im Norden Kiels. Eine Straßenhochbrücke bei Brunsbüttel wird zur Zeit gebaut, ebenfalls eine Straßen- und Bahnbrücke bei Levensau, westlich von Kiel, die die alte Kanalbrücke ersetzen soll. Die Straßen- und Bahnhochbrücke bei Grünenthal wird ebenfalls von einer neuen abgelöst werden (Baubeginn 1982). Die Strecke Hamburg – Itzehoe der geplanten Westküsten-Autobahn ist fertiggestellt (1981). Der schleswig-holsteinische Streckenabschnitt der Autobahn Berlin – Hamburg wird 1982 für den Verkehr freigegeben.

Kirche, Wissenschaft und Schule

Konfessionsstand am 27. Mai 1970: Der *evangelisch-lutherischen Kirche* gehören 84% der Bevölkerung an, der *römisch-katholischen* 6%, den *evangelischen Freikirchen* 2,4%, *sonstigen christlichen Kirchen oder Gemeinschaften* 0,8%; *gemeinschaftslos oder ohne Angabe des Bekenntnisses* sind 5,9%. Zur Nordelbischen Kirche gehören am 31. 12. 1977 3,244 Millionen Mitglieder, zur römisch-katholischen 150057.

Die Evangelisch-Lutherische Landeskirche gibt sich 1958 eine eigene Rechtsordnung, die jedoch dadurch überholt ist, daß sich in einem Vertrag vom **21. 5. 1970** die bis dahin getrennten Landeskirchen Schleswig-Holsteins, Eutins, Lübecks, Hamburgs und Hannovers (nur für den Kirchenkreis Harburg) zur „*Nordelbischen Evangelisch-Lutherischen Kirche*“ zusammenschließen. Dieser Vertrag tritt am **1. 1. 1977** in Kraft. Die Nordelbische Kirche ist gegliedert in *drei Sprengel* mit drei Bischöfen an deren Spitze: Schleswig, Holstein-Lübeck, Hamburg, sowie in *27 Kirchenkreise* (vorher Propsteien). Nicht einbezogen sind die etwa 1500 Mitglieder der Kirchengemeinden Ratzeburg und Ziethen; sie gehören zur Mecklenburgischen Landeskirche. – Die Kirchengemeinde wird vom Kirchenvorstand, der Kirchenkreis von der Kirchenkreissynode und dem -kreisvorstand geleitet. Die Nordelbische Synode, deren 140 Mitglieder überwiegend von den Kreissynoden gewählt werden, berät über alle Angelegenheiten der Kirche, beschließt den Haushalt, erläßt Gesetze und Verordnungen und wählt die Bischöfe. Sie tagt etwa zweimal im Jahr, in der Regel in Rendsburg. Der Kirchenleitung gehören zehn von der Synode gewählte Mitglieder an sowie die drei Bischöfe, von denen einer den Vorsitz führt.

Der Landesdechant für die *römisch-katholischen Kirchengemeinden* ist seit Juli 1959 Beauftragter des Bischofs von Osnabrück gegenüber Staat und Öffentlichkeit (Neufestsetzung seiner Aufgaben März 1970). Die Leitung der *evangelisch-reformierten Kirche* in Lübeck ist auch für Teile Schleswig-Holsteins zuständig. Als Körperschaften des öffentlichen Rechts gelten die Methodistenkirche, der Bund Evangelisch-Freikirchlicher Gemeinden (früher Baptisten) und die Neuapostolische Kirche. Friedrichstadt, die alte Freistätte religiöser Toleranz, beherbergt außer der evangelisch-lutherischen eine remonstrantisch-reformierte, eine katholische, eine Mennonitengemeinde und eine dänische (ev.-luth.) Kirchengemeinde. Die Insel Nordstrand hat eine altkatholische Pfarrgemeinde zur Heiligen Theresa. Die jüdischen Gemeinden sind in der Jüdischen Gemeinschaft Schleswig-Holstein e. V. zusammengefaßt.

Der *Aufbau der Landesuniversität* ist seit 1954 großzügig fortgeführt worden. Ein zweites Universitätsbauprogramm wird 1956 durch Kabinetts- und Landtagsbeschlüsse wirksam; doch haben seit 1958 die Empfehlungen des Wissenschaftsrates zu neuen Vorstellungen und materiellen Voraussetzungen geführt. Am Westrand Kiels ist ein moderner *Universitätscampus* entstanden. Eine vornehmlich für die akademische Verwaltung und die Juristische Fakultät bestimmtes Hochhaus wird 1964 bezogen; eine Universitätskirche wird 1965, eine neue Universitätsbibliothek und der Neubau eines Studentenhauses mit Mensa werden 1966 in Benutzung genommen. In den Jahren 1972/73 wird auf einem sich nach Nordwesten anschließenden Areal ein Gebäudekomplex für die geisteswissenschaftlichen Fächer fertiggestellt. Hier entsteht auch ein modernes Sportforum, ein Physikalisches und ein Biologisches Zentrum mit Botanischem Garten. 1978 wird eine zweite Mensa in Betrieb genommen. Für die Kliniken – im Klinikviertel – werden entweder neue Gebäude errichtet, oder die bestehenden werden erweitert und modernisiert. – Die Lehrstühle werden vermehrt.

1963 wird die Philosophische Fakultät in zwei Fakultäten (Philosophische und Mathematisch-Naturwissenschaftliche), 1969/70 die Rechts- und Staatswissenschaftliche in eine Rechtswissenschaftliche und eine Wirtschafts- und Sozialwissenschaftliche Fakultät geteilt. 1964 wird in *Lübeck* die Medizinische Akademie als zweite Medizinische Fakultät gegründet. Sie wird 1973, nach ihrem vollen Ausbau, in eine selbständige *Medizinische Hochschule* umgewandelt.

Die Zahl der Immatrikulationen übertrifft die in der Großplanung von 1956 berechnete Ziffer von 5600–6000 Studenten um mehr als das Zweifache. Im Wintersemester 1968/69 besuchen 7 800 Studenten die Universität

(Einschließlich der Med. Fakultät Lübeck); zehn Jahre später sind es (ohne Lübeck) 12 883, im Wintersemester 1982/83 16 305. In ihrem langfristigen Ausbauprogramm plant die Landesregierung eine Kapazität von 24 000 Studienplätzen für alle Hochschulen des Landes, davon 18 000 für die Kieler Hochschulen.

Rechtsstellung und innerer Aufbau der Christian-Albrechts-Universität (und der anderen Hochschulen) sind im *Gesetz über die Hochschulen im Lande Schleswig-Holstein* festgelegt, das am **2. 5. 1973** verabschiedet wird (Novellierung vom 1. 3. 1979). Mit dem 2. 6. 1975 wird die Rektoratsverfassung durch die Präsidialverfassung abgelöst. Seitdem steht ein *Universitätspräsident* an der Spitze der akademischen Selbstverwaltung, deren Kompetenzen in vielfacher Hinsicht erweitert werden.

An den *beiden Pädagogischen Hochschulen* in Kiel und Flensburg werden gegenwärtig über 3700 Studenten auf den Lehrberuf vorbereitet. Die *Musikhochschule* in Lübeck besuchen zur Zeit 340 Studierende. Etwa 6000 Studierende werden an den *fünf Fachhochschulen* in Kiel, Altenholz, Lübeck, Flensburg und Wedel ausgebildet. Flensburg wird als Hochschulstandort weiter ausgebaut. – An allen Hochschulen des Landes sind im Wintersemester 1982/83 26 557 Studenten eingeschrieben.

Grundlegend für den weiteren Ausbau der allgemeinbildenden Schulen ist der *Generalschulbauplan,* den die Landesregierung 1970 in enger Zusammenarbeit mit den Kreisen aufgestellt hat. In ihm sind die Standorte und Einzugsbereiche der Schulen festgelegt. Die hier angestrebte Konzentration hat dazu geführt, daß sich die Zahl der öffentlichen allgemeinbildenden Schulen von 1269 (1970) auf etwa 1000 (1980) verringert hat. Die Fortschreibung dieses Plans, die schon wegen der rückläufigen Schülerzahlen notwendig wurde, sieht eine Retardierung des Konzentrationsprozesses vor; es wird in höherem Maße Rücksicht genommen auf die Schulwege und auf die Bedeutung der Schulen für die einzelnen Gemeinden.

Im *Schleswig-Holsteinischen Schulgesetz,* das der Landtag im Juli 1978

Öffentliches Schulwesen (ohne integrierte Gesamtschulen)

Jahr	Grund- und Hauptschulen	Realschulen	Gymnasien	Hilfs- und Sonderschulen
Anzahl der öffentlichen Schulen				
1965	1 458	106	65	78
1980	644	172	95	164
Anzahl der Schüler				
1965	213 857	41 319	34 682	10 788*
1980	196 258	87 998	87 200	19 191

* ohne Sonderschulen für geistig Behinderte

verabschiedet, das am **1. 1. 1979** in Kraft tritt, erhält das gesamte Schulleben eine rechtliche Basis. Den Übergang auf weiterführende Schulen regeln seit dem Schuljahr 1971/72 schulartabhängige Orientierungsstufen (5. und 6. Klasse der Haupt-, Realschulen und der Gymnasien). Die Oberstufen der Gymnasien sind in ihrer Gesamtheit seit 1976 nach den Vereinbarungen der Kultusminister von 1972 neu gestaltet. Den großen Wandel des Schulwesens in den vergangenen Jahren mögen vorstehende Übersichten verdeutlichen.

Mit fünf Schulen hat sich Schleswig-Holstein seit Anfang der siebziger Jahre am „Experimentalprogramm Gesamtschulen" beteiligt. Nach Abschluß der Versuche sollen vier dieser Schulen, davon je eine Integrierte Gesamtschule in Kiel und Neumünster, erhalten bleiben (Angebotsschule). Weitere Gesamtschulen sollen nicht eingerichtet werden.

Besonders kennzeichnend für Schleswig-Holstein ist das *Volkshochschulwesen,* das organisatorisch im Landesverband der Volkshochschulen Schleswig-Holsteins zusammengefaßt ist. Heimvolkshochschulen befinden sich in Leck, Rendsburg und auf dem Koppelsberg bei Plön (ev.-luther.). Volkshochschulen dieser Art wurden seinerzeit eingerichtet, um die Allgemeinbildung der Landbevölkerung zu heben; der allgemeinen gesellschaftlichen Entwicklung entsprechend haben sie sich indessen zunehmend speziellen Lehrprogrammen zugewandt. Die Volkshochschulen in den Großstädten, die von hauptberuflichen Kräften geleitet werden, bieten ein breitgefächertes Kursprogramm an. Außerdem sind für volksbildnerische Aufgaben mehr als 160 Abendvolkshochschulen im Lande tätig. Den Problemen der Gegenwart im weitesten Sinne gelten zumeist die Tagungsprogramme der Akademien, der Akademie Sankelmark, der Hermann-Ehlers-Akademie Kiel, der Europäischen Akademie Leck, der Evangelischen Akademie Bad Segeberg.

In Schleswig-Holstein betätigen sich viele *Vereine zur Pflege der Landes-, Stadt- und Lokalgeschichte;* der älteste ist die „Gesellschaft für Schleswig-Holsteinische Geschichte", gegründet 1833. Der „Hansische Geschichtsverein", dessen Wirksamkeit über Schleswig-Holstein hinausgeht, hat seinen Sitz in Lübeck. Dem „Schleswig-Holsteinischen Heimatbund" sind 35 Heimatvereine, 15 Plattdeutsche Vereine, 8 Schriftstellerverbände und Dichtergesellschaften sowie Trachten- und Volkstanzgruppen angeschlossen; er vereinigt rund 50000 Mitglieder. 1980 wird vom Heimatbund die Zentralstelle für Landeskunde (Sitz Eckernförde) eingerichtet, die fachkundigen Rat auf verschiedenen landeskundlichen Gebieten erteilt. Auf Anregung des Heimatbundes wird seit 1978 alljährlich ein *Schleswig-Holstein-Tag* veranstaltet, der u.a. dazu beitragen soll, das Heimat- und Landesbewußtsein der Bürger zu stärken, Verständnis und Engagement für die Landesentwicklung zu fördern.

Volkstumsvertretungen und nationale Minderheiten südlich und nördlich der Grenze

In Schleswig-Holstein, besonders im nördlichen Bereich, sind verschiedene deutsche Grenzverbände tätig, die im Rahmen des Wettbewerbs zwischen Deutsch und Dänisch besondere Aufgaben auf kulturellem und sozialen Gebiet wahrzunehmen:

1. „Deutscher Grenzverein im Landesteil Schleswig"; er ist vor allem volksbildnerisch tätig, betreut das öffentliche Büchereiwesen im Landesteil Schleswig, die 1952 eröffnete Akademie Sankelmark, die sich auf Arbeits- und Informationstagungen mit staatsbürgerlicher und politischer Bildungsarbeit befaßt, die Verbindung zur deutschen Volksgruppe in Nordschleswig und die kulturellen Beziehungen zu Dänemark und den skandinavischen Ländern pflegt. Der Grenzverein ist außerdem Träger der Heimvolkshochschule und der Europäischen Akademie in Leck, des Jugendhofs Scheersberg (Angeln), des 1979 gegründeten Instituts für regionale Forschung und Information (Flensburg) und einer Anzahl weiterer Bildungseinrichtungen.

2. „Arbeitsgemeinschaft Deutsches Schleswig", die das Deutschtum auf sozialem Gebiet (u.a. Kindergärten, Familienbildungsstätten und dergl.) fördert.

3. „Schleswig-Holsteinischer Heimatbund" in Kiel.

4. „Grenzfriedensbund" (Befriedung der nationalen Verhältnisse im Grenzland, soziale Betreuung im Landesteil Schleswig, Pflege nachbarlicher Beziehungen zum dänischen Volk).

Der wichtigste Verband der *dänischen Minderheit in Südschleswig* ist der „Südschleswigsche Verein" (Sydslesvigsk Forening). Der Minderheit stehen 56 Grund- und Hauptschulen mit etwa 4500 Schülern, drei Realschulen mit rund 950 Schülern und ein Gymnasium (Flensburg) mit mehr als 550 Schülern zur Verfügung (1980). Durch Gesetz vom 15. 11. 1968 ist die dänische Kirche mit der Nordelbischen Kirche gleichgestellt; die dänische Verkündigung kann nunmehr auch in deutschen Kirchen stattfinden. Im Dienste der dänischen Minderheit stehen Frauen-, Jugend-, Sport-, Handwerkervereine, ein Kreditinstitut und ein besonderer Gesundheitsdienst. Mittelpunkt des dänischen Büchereiwesens ist die Zentralbibliothek in Flensburg (Dansk Centralbibliotek for Sydslesvig), deren Studienabteilung wissenschaftliche Untersuchungen, vornehmlich historische, anregt, fördert und veröffentlicht.

Die politische Organisation der Minderheit ist der *Südschleswigsche Wählerverband* (SSW), der durch Befreiung von der Fünf-Prozent-Sperrklausel seit 1958 wieder mit einem Abgeordneten im schleswig-holsteinischen Landtag repräsentiert ist. Die Zahlen der für den SSW abgegebenen *Stimmen bei den Landtagswahlen nach 1955:* 1958: 34136; 1962: 26883;

1967: 23577; 1971: 19720; 1975: 20703; 1979: 22293. Ein 1971 gebildeter *dänisch-südschleswigscher Gesamtrat* hat die Aufgabe, die Arbeit der Minderheit auf den verschiedenen Gebieten zu koordinieren und zu planen. Seit dem 1. 7. 1965 besteht ein *Beratender Ausschuß* für Fragen der dänischen Minderheit beim *Bundesministerium des Innern.*

1965 wurde das *Nordfriisk Instituut* in Bredstedt, dessen Träger der Verein Nordfriesisches Institut e. V. ist, eingerichtet. Es dient der Förderung regionalkundlicher Forschung und Information. Aus deutschen und dänischen Mitteln unterstützt, ist es ein Modellfall in einer Grenzregion.

Nördlich der Grenze ist der *„Bund deutscher Nordschleswiger"* die Hauptorganisation der deutschen Volksgruppe; seine Arbeit ist volklich-politischer, kultureller, sozialer und wirtschaftlicher Natur.

Der „Deutsche Schul- und Sprachverein" in Nordschleswig unterhält 1981 18 Schulen mit 1421 Schülern sowie ein Gymnasium (Apenrade). Der „Volkshochschulverein für Nordschleswig" ist Träger der Nach- und Volkshochschule in Tingleff. Die Nordschleswigsche Gemeinde der Nordelbischen Kirche umfaßt sieben Pfarrbezirke. In den vier Städten Nordschleswigs amtiert je ein Pastor für den deutschen Teil der Gemeinden im Rahmen der dänischen Volks-(= Staats-)kirche.

Bei den *Wahlen von 1964* gelingt es der deutschen Volksgruppe nicht mehr, ihr Mandat im Folketing zu behaupten. 1965 wird für sie ein *Kontaktausschuß* bei der Kopenhagener Regierung ins Leben gerufen, der zunächst dem Staatsminister (Ministerpräsidenten) und seit 1971 dem Innenminister zugeordnet ist. Der Ausschuß hat die Aufgabe, über alle innenpolitischen Interessen der Minderheit zu verhandeln. Beim schleswig-holsteinischen Landtag wird 1975 ein *Gremium für Fragen der deutschen Minderheit* gebildet. Diesem Gremium, in dem der Landtagspräsident den Vorsitz führt, gehören Mitglieder des Landtags, schleswig-holsteinische Bundestagsabgeordnete und Vertreter des Bundes deutscher Nordschleswiger an; es soll regelmäßig alle Fragen, die die deutsche Minderheit betreffen, erörtern.

Bei den Folketingswahlen der Jahre 1973, 1975 und 1977 gelingt es der politischen Organisation der Volksgruppe, der *Schleswigschen Partei,* durch Zusammenarbeit mit den dänischen Zentrumdemokraten einen Sitz im Kopenhagener Parlament zu gewinnen. Nach dem Tode des deutschen Abgeordneten Jes Schmidt konnte diese Zusammenarbeit nicht fortgesetzt werden. Aus eigener Kraft vermag die Schleswigsche Partei kein Mandat zu erringen. Um den Kontakt der Minderheit mit dem dänischen Parlament und der Regierung zu sichern, wurde am 6. September 1983 das *Sekretariat der deutschen Volksgruppe* in Kopenhagen eröffnet; es handelt sich um eine eigenständige Institution, deren Leiter in seiner administrativen und politischen Tätigkeit dem Hauptvorstand des Bundes deutscher Nordschleswiger verantwortlich ist. – Im Amtsrat, der parlamentarischen Vertretung des Großkreises „Südjütland", ist die Volksgruppe seit 1970 mit einem Abgeordneten vertreten, in der Wahlperiode 1974–1978 mit zwei Vertretern. Bei der Amtsratswahl vom 17. 11. 1981 erhält die Schleswigsche Partei 6285 Stimmen (4,7%).

In den Jahrzehnten nach dem Zweiten Weltkrieg ist der nationale Streit um Schleswig durch friedlichen kulturellen Wettbewerb zwischen Deutsch und Dänisch abgelöst worden. Schleswig-Holstein sucht seine Zukunftsaufgaben in Deutschland und Europa im Geiste der Partnerschaft mit seinem nördlichen Nachbarn zu lösen.

Ministerpräsidenten nach 1945

Seit 15. 11. 1945	*Theodor Steltzer* (CDU), Oberpräsident; an der Spitze der im Mai 1946 gebildeten Landesregierung aus Mitgliedern der CDU, SPD und KPD; 1. Kabinett Steltzer
Seit 23. 8. 1946	Ministerpräsident; November/Dezember 1946 Bildung einer Landesregierung aus Mitgliedern der CDU und SPD: 2. Kabinett Steltzer
Seit 29. 4. 1947	*Hermann Lüdemann* (SPD); Regierungspartei: SPD
Seit 29. 8. 1949	*Bruno Diekmann* (SPD); Regierungspartei: SPD
Seit 5. 9. 1950	*Dr. Walter Bartram* (CDU); Regierungsparteien: CDU, BHE, FDP, DP
Seit 25. 6. 1951	*Friedrich Wilhelm Lübke* (CDU); Regierungsparteien: CDU, GB/BHE, FDP, DP
Seit 11. 10. 1954	*Kai-Uwe von Hassel* (CDU); Regierungsparteien: CDU, GB/BHE, FDP
Seit 7. 1. 1963	*Dr. Helmut Lemke* (CDU); Regierungsparteien: CDU, FDP
Seit 24. 5. 1971	*Dr. Gerhard Stoltenberg* (CDU); Regierungspartei: CDU
Seit 14. 10. 1982	*Dr. Dr. Uwe Barschel* (CDU); Regierungspartei: CDU

Quellen und Literatur*

Landeskunde, Atlanten, Allgemeines

Schleswig-Holstein, Landschaft und wirkende Kräfte, hrsg. v. K. Thiede, Deutsche Landschaft, Bd 12, Essen 1962.

O. Brandt u. K. Wölfle, Schleswig-Holsteins Geschichte in Karten und Bildern. Ein Nordmark-Atlas, neue, verb. u. erw. Ausg., Altona 1931.

R. Stewig, Landeskunde Schleswig-Holstein, Kiel 1978.

Chr. Degn u. U. Muuß, Topographischer Atlas Schleswig-Holstein und Hamburg, 4., neu bearb. u. erw. Aufl., Neumünster 1979.

Chr. Degn u. U. Muuß, Luftbildatlas Schleswig-Holstein, Bd 1, 5. Aufl., Neumünster 1974; Bd 2, 2. Aufl., Neumünster 1972.

H. Beseler u. J. Habich (Hrsg.), Stadtkernatlas Schleswig-Holstein, Neumünster 1976.

O. Scheel, Schleswig-Holstein in der europäischen und deutschen Geschichte, Neumünster 1933.

V. Pauls, Schleswig-Holstein zwischen Nord und Süd, Neumünster 1950.

A. Scharff, Schleswig-Holstein in der deutschen und nordeuropäischen Geschichte. Gesammelte Aufsätze, hrsg. v. M. Jessen-Klingenberg: Kieler Histor. Studien, Bd 6, Stuttgart 1969.

Schleswig-Holsteinisches Biographisches Lexikon, hrsg. v. O. Klose u.a., Bd 1–6, ab Bd 6 fortgef. u. d. Tit. Biogr. Lexikon f. Schlesw.-Holst. u. Lübeck, Neumünster 1970ff.

Quellen

Schleswig-Holstein-Lauenburgische Regesten und Urkunden (bisher 6 Bände u. Register), 1886–1981.

Quellensammlung der Schleswig-Holstein-Lauenburgischen Gesellschaft für vaterländische Geschichte, 7 Bände, Kiel 1862–1913.

Quellen zur Geschichte Schleswig-Holsteins, Teil I: Vom 8. Jh. bis 1804, Kiel 1977; Teil II: Vom Beginn d. 19. Jh. bis 1920, Kiel 1980; Teil III: Von 1920 bis zur staatlichen Neuordnung nach dem Zweiten Weltkrieg, Kiel 1982.

Quellen und Forschungen zur Geschichte Schleswig-Holsteins (bisher 83 Bände), 1914ff.

Beiträge zur historischen Statistik Schleswig-Holsteins, hrsg. v. Statist. Landesamt Schleswig-Holstein, Kiel 1967, sowie übrige Veröffentlichungen des Statist. Landesamtes.

Gesamtdarstellungen

G. Waitz, Schleswig-Holsteins Geschichte in drei Büchern, 1. Bd, 1. Buch, Göttingen 1851; 2. Bd, 2. Buch, Göttingen u. Leipzig 1852.

G. Waitz, Kurze Schleswigholsteinische Landesgeschichte, Kiel 1864.

* Weitere Hinweise auf Bibliographien, Register, Archivinventare, Quellen, Darstellungen und Einzelabhandlungen in dem zitierten Handbuch von Brandt-Klüver, 8. Aufl.

R. Hansen, Kurze Schleswig-Holsteinische Landesgeschichte, 2. verb. Aufl., Flensburg 1924.
O. Brandt, Geschichte Schleswig-Holsteins. Ein Grundriß, 8. Aufl., verb. u. erg. v. W. Klüver. Mit Beiträgen v. H. Jankuhn, Kiel 1981.
Geschichte Schleswig-Holsteins, hrsg. v. O. Klose (in Lieferungen, abgeschlossen die Bände 1, 2, 3, 4^{I} u. 6), Neumünster 1955ff.

Einzelne Zeitabschnitte

P. v. Hedemann-Heespen, Die Herzogtümer Schleswig-Holstein und die Neuzeit, Kiel 1926.
W. Prange, Die Anfänge der großen Agrarreform in Schleswig-Holstein bis um 1771, Neumünster 1971.
H.V. Gregersen, Slesvig og Holsten for 1830, Kopenhagen 1981.
L. Rerup, Slesvig og Holsten efter 1830, Kopenhagen 1982.
H. P. Clausen u. J. Paulsen, Augustenborgerne. Slaegt, Slotte, Skaebne, Histor. Samfund f. Als og Sundeved 1980.
R. Riezler, „Kampf in der Nordmark". Das Aufkommen des Nationalsozialismus in Schleswig-Holstein (1919–1928), Neumünster 1982.
E. Hoffmann u. P. Wulf, „Wir bauen das Reich". Aufstieg und erste Herrschaftsjahre des Nationalsozialismus in Schleswig-Holstein, Neumünster 1983.
L. D. Stokes, Kleinstadt und Nationalsozialismus. Ausgewählte Dokumente zur Geschichte Eutins 1918–1945, Neumünster 1984.
K. Jürgensen, Die Gründung des Landes Schleswig-Holstein nach dem Zweiten Weltkrieg 1945–1947, Neumünster 1969.
A. T. Lindstrøm, Landet Slesvig-Holstens politiske historie i hovedtraek 1945 til 1954, Flensburg 1975.
G. Stoltenberg, Schleswig-Holstein – heute und morgen, Rendsburg o.J. (1978).
Schleswig-Holstein heute, hrsg. v. d. Presse- u. Informationsstelle d. Landesregierung Schlesw.-Holst., 4. Aufl., Kiel 1980.
Das Bundesland Schleswig-Holstein. Einführung in Aufbau und Entwicklung, 8., neu bearb. Aufl., Berlin 1980.

Schleswig, Schleswig-Frage

Sønderjyllands Historie, 5 Bände u. Register, Kopenhagen 1930–1942.
T. Fink, Geschichte des Schleswigschen Grenzlandes, Kopenhagen 1958.
Materialien zur Geschichte Schleswigs, hrsg. v. Deutschen Schul- und Sprachverein f. Nordschleswig, Apenrade 1976.
Zur Geschichte und Problematik der dänisch-deutschen Beziehungen, Neudruck 1958: Inter. Jahrb. f. Geschichtsunterricht, Braunschweig.
J.-P. Leppien, Martin Rade und die deutsch-dänischen Beziehungen 1909–1929, Neumünster 1981.
G. Japsen, Den fejlslagne germanisering, Aabenraa 1983.
L. Rerup, Graensen. Fra graensekamp til sameksistens, Albertslund 1969.
E. Jäckel, Die Schleswig-Frage seit 1945, Frankfurt a.M., Berlin 1959.
J. Feddersen, Die Grenzlandpolitik F. W. Lübkes, Würzburg (Phil. Diss.) 1980.
W. Lagler, Die Minderheitenpolitik der Schleswig-holsteinischen Landesregierung während des Kabinetts v. Hassel (1954–1963), Neumünster 1982.

Kirchengeschichte

Schleswig-Holsteinische Kirchengeschichte, hrsg. v. Verein f. Schlesw.-Holst. Kirchengesch. (bisher Bd. 1–3), Neumünster 1977 ff.

Zeitschriften und Reihen

Zeitschrift der Gesellschaft für Schleswig-Holsteinische Geschichte, seit 1870.
Mitteilungen der Gesellschaft für Schleswig-Holsteinische Geschichte (Schleswig), Nr. 1 ff., 1978 ff.
Nordelbingen, Beiträge zur Kunst- und Kulturgeschichte, seit 1923.
Studien zur Wirtschafts- und Sozialgeschichte Schleswig-Holsteins (bisher 5 Bände), Neumünster 1979 ff.
Die Heimat, seit 1891.
Schleswig-Holstein, Monatshefte für Heimat und Volkstum, seit 1949.
Schriften der Heimatkundlichen Arbeitsgemeinschaft für Nordschleswig (Apenrade), seit 1960.
Grenzfriedenshefte, seit 1953.
Sønderjyske Aarbøger, seit 1889.
Sønderjysk Månedsskrift, seit 1924.
Jyske Samlinger, N. R., seit 1950; seit 1966 unter d. Titel Historie.
Nordfriesland. Kultur, Politik, Wirtschaft, seit 1965.
Schriften des Vereins für schleswig-Holsteinische Kirchengeschichte, seit 1897.

Namen- und Sachregister

Soweit Namen und Sachverhalte aus dem Inhaltsverzeichnis ersichtlich sind, wurden sie nicht ins Register aufgenommen. Unberücksichtigt blieben auch die in Stammtafeln, Karten und Abbildungen enthaltenen Namen. Es fehlen die Stichworte Dänemark, Holstein und Schleswig, die auf nahezu jeder Seite zu finden sind.

Abkürzungen

b.	*bei*	*Gf.*	*Graf*	*norw.*	*norwegisch*
Bisch.	*Bischof*	*Gfsch.*	*Grafschaft*	*Oberpräs.*	*Oberpräsident*
Btm.	*Bistum*	*Hz.*	*Herzog*		
dän.	*dänisch*	*Hztm.*	*Herzogtum*	*röm.*	*römisch*
dt.	*deutsch (-e, -er, -es)*	*Kftm.*	*Kurfürstentum*	*russ.*	*russisch*
				Schl.	*Schlacht*
Eb.	*Erzbischof*	*Kg.*	*König*	*schwed.*	*schwedisch*
Ebtm.	*Erzbistum*	*Kgn.*	*Königin*	*s.u.*	*siehe unter*
f.	*für*	*Ks.*	*Kaiser*	*v.*	*von*
Frd.	*Friede(nsvertrag)*	*Mgf.*	*Markgraf*	*Vtg.*	*Vertrag*
frz.	*französisch*	*Min.-Präs.*	*Ministerpräsident*		
Gen.	*General*				

A

B

C

D

H

I

J

T

U

V

W

Der große Ploetz

Auszug aus der Geschichte

29., grundlegend überarbeitete Auflage. 1712 Seiten mit rd. 20 000 Stichwörtern im Register. Lexikongroßformat. Leinen (40170)

Die vorliegende Neuausgabe dieses klassischen Nachschlagewerkes zur Weltgeschichte, entstanden unter Mitwirkung von mehr als 60 Fachhistorikern, faßt die Geschichte aller Völker und Staaten in geschlossenen Großkapiteln zusammen, überschaubar gegliedert und mit einer durchlaufenden Datenspalte versehen.
Thematische Blöcke zur Erklärung elementarer historischer Begriffe, Schaubilder zu Verfassungen und Bündnissystemen sind weitere Charakteristika des Bandes, der dem jüngsten Stand der Forschung Rechnung trägt.

„Auch heute ersetzt ihn nichts" *(Die Presse, Wien)*

Der farbige Ploetz

Illustrierte Weltgeschichte

10., aktualisierte Auflage (130. Tausend). 736 Seiten. Mit 82 Farbtafeln und Karten sowie 488 Abb. im Text. (40002)

Repräsentativ in der Ausstattung, zuverlässig und unbestechlich im Detail, ist dieses volkstümliche Nachschlagewerk zu einem echten historischen Hausbuch geworden. Über das politische Geschehen hinaus zeichnet der Band Geschichte in ihren wirtschaftlichen und sozialen Entwicklungen nach. Dazu treten Farbtafeln, zeitgenössische Darstellungen und Reproduktionen von Dokumenten mit hohem Informationswert.

„Wer ihn kennt, dem ist er unentbehrlich" *(Die Rheinpfalz)*

VERLAG PLOETZ · FREIBURG · WÜRZBURG